역사 속

세기의 로맨스

16 호동왕자와 낙랑공주

2015년 7월 20일 초판 1쇄 인쇄
2015년 7월 24일 초판 1쇄 발행

글 박시연 / 그림 유수미
펴낸이 이철규 / 펴낸곳 북스
편집 이은주 / 편집디자인 이지훈

편집부 02-336-7634 / 영업부 02-336-7613 / FAX 02-336-7614
홈페이지 http://www.vooxs.kr / 등록번호 제 313-2004-00245호 / 등록일자 2004년 10월 18일

주소 서울특별시 광진구 동일로 4길 32 2층
값 10,800원
ISBN 978-89-6519-149-0 74800
　　　978-89-6519-043-1 (세트)

잘못된 서적은 구입하신 서점에서 교환하여 드립니다.
이 책은 저작권법에 의해 보호를 받는 저작물이므로 불법 복제와
스캔 등 무단 전재 및 유포·공유를 금합니다.

이 도서의 국립중앙도서관 출판시도서목록(CIP)은 서지정보유통지원시스템 홈페이지(http://seoji.nl.go.kr)와
국가자료공동목록시스템(http://www.nl.go.kr/kolisnet)에서 이용하실 수 있습니다.
(CIP제어번호 : CIP2015018736)

역사 속 세기의 로맨스

16 호동왕자와 낙랑공주

글 박시연 그림 유수미

독자 여러분의 사랑과 관심 덕분에 '역사 속 세기의 로맨스' 1부를 무사히 끝마치게 되었습니다. 열 번이나 되는 과거로의 여행을 통해 사랑에 대한 특별한 깨달음을 얻게 된 이지가 결국 주노와도 사랑의 결실을 맺게 되어 참 다행이라고 생각합니다.

하지만 이대로 이야기를 마치기에는 왠지 아쉬움이 남았습니다. 아직도 우리가 알고 싶은 세기의 로맨스는 많이 남아 있기 때문입니다. 그래서 다시 새로운 로맨스를 찾는 여행을 떠나기로 결심했습니다.

이번 이야기에서는 새로운 주인공 리사와 선재가 등장합니다. 리사는 성북동의 으리으리한 저택에서 공주님처럼 살고 있는 사장님의 따님이고, 선재는 병에 걸려 입원한 아빠 대신 리사네 집에서 잡일을 도맡아 하는 어린 집사입니다. 두 사람은 같은 학교에 다니고 있는 친구이기도 합니다.

언뜻 봐선 환경이 너무 다른 두 사람 사이에서 무슨 로맨스가 생길까 싶습니다. 하지만 사랑이란 원래 엉뚱한 곳에서 갑작스럽게 생겨

나는 감정이 아닐까요? 평소 도도하고 콧대 높은 리사지만 늘 선량하고 헌신적인 선재에게 조금씩 마음이 끌리기 시작합니다. 게다가 리사에게도 신비한 책 '세기의 로맨스'가 찾아옵니다.

이 책을 펼치는 순간 리사는 과거의 낯선 세계로 떨어져 역사에 남을 만한 사랑을 한 남녀 주인공을 만나게 됩니다. 그들과 함께 웃고 울며 사랑의 진정한 의미에 대한 깨달음을 얻어가는 리사.

리사는 과연 선재를 진심으로 좋아할 수 있게 될까요?

궁금하시다면 독자 여러분도 리사와 함께 세기의 로맨스를 찾는 여행을 떠나보시죠.

박시연

머리말 _6

학급환경미화 _11

어떤 질투 _30

불행한 왕자 호동과의 만남 _56

낙랑국의 사위 _74

스스로 울리는 자명고 _94

잔인한 선택 _118

당신이 원한다면 _140

오, 나의 여신님 _164

부록 이루어지지 못한 비극적 운명의 연인 _170

1
학급환경미화

여름이 점차 깊어가는 월요일 아침, 담임선생님이 비장한 얼굴로 교실로 들어왔다. 떠들썩하던 반애들이 입을 다물고 교탁 앞에 서는 그녀를 주시했다. 예쁜 얼굴과 어울리지 않는 날카로운 눈초리로 반애들을 슥 훑어보던 담임선생님이 천천히 입을 열었다.

"드디어 학급환경미화의 날이 다음 주 수요일로 결정되었단다."

"으악!"

"꺄악!"

"드, 드디어 올 것이 왔구나!"

동시에 반애들 사이에서 비명이 터져 나왔다. 환경미화 따위를 가지고 왜 담임과 학생들이 이렇게 호들갑을 떠느냐고? 그것은 어디까지나 사정을 모르고 하는 소리다. 진선중학교에선 환경미화야말로 여름방학 캠프보다, 가을축제보다 훨씬 중요한 행사인 것이다. 모두가 괴팍한 교장선생님 덕분이었다.

"나는 학급환경미화야말로 학교의 가장 중요한 행사라고 생각합니다. 학생들은 자신이 공부하는 교실을 아름답게 꾸미는 과정을 통해 자연스럽게 애교심을 갖게 되는 것이죠. 그러니까 선생님들도 환경미화에 특별히 신경을 써주세요. 엄격하게 채점된 점수는 학생들의 수행평가에 반영될 뿐만 아니라, 선생님들의 고과 점수에도 포함된다는 사실을 명심하세요."

이 정도가 되면 선생님들이나 학생들이나 신경이 곤두설 수밖에 없었다. 담임선생님이 손바닥으로 교탁을 내리치며 목청을 높였다.

"조용! 조용! 오늘 조회시간에는 우리 학급 환경미화에 대한 회의를 진행하도록 할 거야."

리사가 의아한 눈으로 짝꿍을 돌아보았다.

"환경미화가 대체 뭐야?"

가빈이가 한숨 섞인 목소리로 답했다.

"교실을 깨끗이 청소하고, 예쁘게 꾸미는 거야."

"그런데 왜 그렇게 싫은 표정이야?"

"우리 학교 환경미화는 진짜 장난이 아니거든. 창문에 스티커를 붙이고, 교실 뒤에 예쁜 게시판을 만드는 정도로 끝나지 않아. 벽 전체를 새로 칠하고, 커튼을 바꾸고, 교실 바닥에 카펫을 깔기도 한다고. 그리고 반애들은 몇 개의 조로 나뉘어 환경미화에 기여한 점수에 따라 수행평가 점수를 받는 거야. 앞으로 열흘 동안 죽어라 환경미화에 매달릴 수밖에 없다는 뜻이지."

"으음…… 조금 심하긴 하구나. 그래도 재미있을 것 같은데? 내가 실은 인테리어에 관심이 아주 많거든."

말을 마치자마자 리사가 팔을 번쩍 들었다.

"선생님, 의견 있습니다!"

"오, 리사! 어서 말해보렴."

"창가에 벨벳 커튼을 달면 어떨까요? 초록색 벨벳 커튼을 달면 분명 눈에 확 띨 거예요. 게다가 벨벳의 부드러운 질감과 초록 빛깔은 공부에 지친 학생들에게 안정감까지 줄 거라고요."

"글쎄…… 너무 화려해 보이지 않을까?"

"전혀요. 요즘 유럽의 럭셔리한 학교에선 대부분 벨벳 커튼을 사용해요."

"으음……."

고민을 거듭하던 담임선생님이 리사를 가리키며 씨익 웃었다.

"좋아! 그럼 리사가 창문 미화를 책임지도록 하렴. 누구 리사와 한 조가 돼서 해볼 사람?"

찬영이 번쩍 팔을 들었다.

"저요!"

"오, 찬영이가 할래? 너희 둘이라면 안심하고 창문을 맡길 수 있겠다. 또 다른 의견이 있는 사람?"

반 애들이 앞다퉈 팔을 들었다.

"책상 위에 체크무늬 보를 깔면 어떨까요?"

"칠판에 레이스를 두르면요?"

"교실 바닥에 매트를 깔고 맨발로 다니면 좋지 않을까요?"

담임선생님이 괜찮다 싶은 의견을 낸 친구를 지목해 책임을 맡기고, 같은 조를 이룰 친구를 정해주었다. 담임선생님의 시선이 교실 맨 뒷자리에 입을 꾹 다물고 앉아 있는 선재에게로 쏠렸다.

"이선재!"

"네?"

"너도 의견을 내보렴."

"……."

"학급 전체가 하는 행사인데 의견이 하나도 없니?"

리사가 골똘히 생각에 잠긴 선재의 얼굴을 답답한 듯 돌아보았다.

"으이그……!"

이때 선재가 스윽 고개를 들어 교실 천장을 보았다.

"천장화를 그리면 어떨까요?"

"천장화?"

담임선생님과 리사를 비롯한 반 애들이 시선이 일제히 천장으로 향했다.

"레오나르도 다빈치나 미켈란젤로가 성당 천장에 그렸던 근사한 천장화처럼 말이지?"

구미가 당기는 듯 눈을 반짝이는 담임선생님을 향해 선재가 고개를 끄덕였다.

"네!"

"좋아! 아주 기발한 생각이야!"

환호하는 담임선생님을 향해 찬영이 고개를 갸웃했다.

"하지만 천장화를 그리려면 그림 솜씨가 훌륭해야 하잖아요. 우리 반에 그런 그림을 그릴 수 있는 아이가 있을까요?"

"아차! 그 생각을 못 했구나!"

담임선생님이 손바닥으로 이마를 찰싹 때렸다.

"제가…… 그릴 수도 있을 것 같은데요."

"선재 네가?"

"네!"

자신 있게 고개를 끄덕이는 선재의 모습에 리사가 걱정스럽게 중얼거렸다.

"쟤가 뒷감당을 어떻게 하려고 저러지?"

담임선생님과 반애들도 선재를 못미더워하는 눈치가 역력했다.

"선재 네가 정말 그릴 수 있겠니?"

담임선생님이 고개를 갸웃할 때, 선재가 연필을 들고 불쑥 책상 위로 올라갔다. 그리고 까치발을 딛고 위태롭게 서서 천장에 스케치를 슥슥 그리기 시작했다. 황당한 듯 선재를 바라보던 선생님과 리사, 반애들의 입에서 차례로 탄성이 새어나왔다.

"어어…… 저게 뭐지?"

"날개 달린 말 같은데?"

"페가수스다! 페가수스!"

"어쩜! 날개가 진짜 근사하다!"

담임선생님이 선재를 가리키며 외쳤다.

"이선재가 천장화를 담당하도록 한다! 누구 선재와 한 조를 이룰 사람?"

웬 여학생이 팔을 번쩍 쳐든 것은 그때였다.

"저요!"

반애들의 시선이 일제히 팔을 든 여학생의 얼굴로 쏠렸다. 리사도 그 아이를 보며 눈을 치켜떴다.

"쟤가 대체 왜……?"

팔을 쳐든 채 의미심장한 미소를 짓고 있는 아이는 바로 아진이었다.

"…….."

선재와 아진이는 어색한 분위기 속에 패스트푸드점 창가 쪽 자리에 앉아 있었다. 두 사람은 벌써 삼십 분 가까이 한 마디도 하지 않았다. 아진이는 무엇이 그리 좋은지 싱글벙글 웃으며 선재의 얼굴을 빤해 보고 있었고, 선재는 그 시선이 부담스러워 애써 외면하고 있었다. 프렌치프라이를 들었다 놓았다 하는 선재를 향해 아진이 불쑥 물었다.

"나랑 한 조가 된 게 싫어?"

"응? 아, 아니!"

"그럼 좋아?"

"그게……."

당황하던 선재가 아진이의 얼굴을 똑바로 보았다.

"솔직히 아진이 너를 썩 좋아하지는 않아. 하지만 네가 진심으로 천장화 그리는 걸 돕겠다면 나도 개인적인 감정은 접어둘 생각이야."

"헐……!"

아진이 기가 막힌 듯 실소했다.

"이선재, 너 이제 보니 은근 솔직하다."

"불쾌했다면 미안해."

"마음에 들어."

"뭐?"

"뒤에서 호박씨 까는 애들보다 오히려 마음에 든다고."

"……?"

어리둥절해 하는 선재를 향해 아진이 불쑥 손을 내밀었다.

"우리 잘해보자."

"응?"

"천장화인가 뭔가 그거 제대로 해보자고."

"그, 그래."

선재가 쑥스러운 듯 미소 지으며 아진이의 손을 잡았다. 아진이 선재의 손을 위아래로 크게 흔들며 씨익 웃었다.

"선재 저 녀석 얼굴 좀 봐. 아예 넋이 나갔네, 넋이 나갔어."
 아진이와 선재가 있는 곳과 약간 떨어진 테이블에서 간신히 화를 참는 목소리가 들려왔다. 얼굴을 살짝 붉힌 채 아진이의 손을 잡은 선재를 햄버거를 우적우적 씹으며 째려보고 있는 것은 바로 리사였다. 맞은편에는 찬영이가 앉아 황당한 표정으로 리사를 보고 있었다. 햄버거를 다 먹고 이제는 콜라 빨대를 잘근잘근 씹는 리사의 손목을 찬영이 붙잡았다.
 "그러다 이 상할라."
 "으응?"
 "빨대 좀 그만 씹으라고."
 "하하! 내, 내가 그랬니?"
 탕! 탕!
 찬영이 손바닥으로 테이블을 두드리며 목소리를 높였다.
 "우리가 맡은 건 창문이야. 그러니까 창문을 어떻게 꾸밀지나 상의하자."
 "그, 그래야지."
 "창문에 초록색 벨벳 커튼을 달고 싶다고 했지?"
 "맞아."
 "그럼 커튼은 그렇게 정하고, 나머지는 어떻게 할까?"

"나머지라니?"

"창문 자체에도 뭔가 장식을 해야 할 거 아냐. 내 생각엔 애들이 좋아하는 어벤져스 스티커를 붙였으면 하는데 너는 어때?"

"난 상관없으니까 찬영이 네 마음대로 해."

건성으로 대답하며 리사의 시선은 다시 머리를 맞대고 사이좋게 상의하는 선재와 아진이에게로 쏠렸다.

"아진이 저게 선재한테 왜 저리 친한 척이지? 뭔가 꿍꿍이가 있는 게 분명해."

"후우우……."

그런 리사를 보며 찬영이 한숨을 푹 쉬었다.

막 대문 안으로 들어서던 선재가 멈칫했다. 안쪽에 성난 얼굴로 서 있는 리사를 발견했기 때문이다. 어리둥절한 눈으로 리사를 바라보던 선재가 고개를 갸웃했다.

"왜 그렇게 쳐다봐?"

"어디 갔다 이제야 오는 거야?"

"성당에 가서 천장화 구경을 좀 하고 오는 길인데."

"누구랑?"

"그야 아진이랑?"

"호오, 그러셔?"

쿠욱!

"!"

리사가 손가락으로 가슴을 찌르자 선재가 움찔했다. 리사가 선재의 가슴을 계속 찌르며 쏘아붙였다.

"널 괴롭히던 아진이가 조금 친한 척해주니까 아주 정신이 없지? 아진이가 네게 진짜 호감이 있는 거 같아? 뭔가 꿍꿍이가 있다는 생각은 해보지 못한 거니, 응?"

"으음……."

잠시 생각하던 선재가 고개를 흔들었다.

"아진이도 천장화에 관심이 많은 것 같았어. 아마 이상한 짓은 하지 않을 거야."

"너는 그게 문제야. 사람을 너무 쉽게 믿는다고."

"열심히 돕겠다는 친구를 무작정 의심할 순 없잖아."

"아, 짜증나! 도대체가 말이 안 통한다니까!"

히스테릭하게 외치는 리사의 뒤쪽에서 엄한 목소리가 들려왔다.

"너희들, 거기서 뭐하는 거니?"

"……!"

깜짝 놀라 돌아서는 리사와 선재 앞에 성 여사가 굳은 얼굴로 서 있었다. 당황하는 선재를 대신해서 리사가 변명조로 말했다.

"내일부터 학급환경미화를 시작하는데, 그것 때문에 선재와 상의할 게 있어서……."

"선재야."

성 여사가 리사의 말을 귓등으로 흘리며 선재를 불렀다.

"네…… 네!"

"너는 우리 집에 왜 머물고 있는 거니?"

"무슨 말씀이신지……?"

당황하는 선재를 보는 성 여사의 눈빛이 싸늘해졌다.

"너는 우리 집에 손님으로 머물고 있는 거니, 아니면 집사로 머물고 있는 거니?"

"당연히 집사입니다."

"그런데 요즘 저택을 돌보는 모습을 통 보지 못한 것 같구나."

"죄, 죄송합니다."

성 여사가 손가락으로 연못을 가리켰다.

"요즘 비가 안 와서 그런지 연못에 이끼가 잔뜩 끼었더구나. 수요일까지 연못의 물을 모두 빼고 이끼를 깨끗이 제거하도록 하렴."

"아, 알겠습니다."

리사가 성 여사를 향해 급히 외쳤다.

"엄마, 선재는 이번 주에 천장화를 그려야 하기 때문에……."

"학교 일은 집안일을 끝낸 다음에 하면 된다."

"하지만 엄마!"

"그 얘기는 이제 그만!"

성 여사가 찬바람을 일으키며 돌아섰다. 현관문을 열고 들어가는 성 여사의 뒷모습을 황당한 듯 쳐다보던 리사가 선재를 향해 돌아섰다.

"미, 미안해. 괜히 나 때문에……."
"괜찮아. 그렇잖아도 날이 더워지기 전에 연못 청소를 해야겠다고 생각하고 있었어."
"아이 참!"
팔을 걷어붙이며 연못을 향해 걸어가는 선재를 리사가 속상한 듯 쳐다보았다.

리사는 창가에 서서 땅거미가 내려앉은 정원을 내려다보았다. 정원 복판의 연못에서 선재가 땀을 뻘뻘 흘리며 물을 빼내고 있었다. 양수기를 이용하고 있었지만 연못에 장화를 신고 들어가 길게 자란 수초가 기계에 빨려 들어가지 않도록 가위로 미리 제거해야 했다.
"저렇게 힘을 다 써버리고 나면 내일부터 천장화를 제대로 그릴 수나 있을까?"
걱정스러운 표정이던 리사가 문득 눈을 치켜떴다.
"흥! 아진이랑 시시덕거리더니 꼴좋게 됐지 뭐야."
고소하다는 듯 중얼거리던 리사의 표정이 다시 시무룩하게 변했다.
"왠지 내 탓인 것만 같아 기분이 좋지 않아."
스스로의 기분을 종잡을 수가 없어서 리사는 어깨를 축 늘어뜨렸다.

다음 날 수업이 끝나자마자 담임선생님이 손뼉을 마주치며 외쳤다.
"자! 오늘부턴 반 전체가 방과 후에 환경미화 작업을 하고 귀가하도록 한다!"

"네에!"

반애들이 입을 모아 외쳤다. 리사가 고개를 돌려 뒷자리를 보았다. 지난 밤 늦게까지 연못에서 물 빼기 작업을 했던 선재는 책상에 얼굴을 박고 잠들어 있었다.

"그렇게 늦게까지 일을 했으니 피곤한 게 당연하지."

반애들이 두 명씩 붙어 움직이기 시작했다. 찬영이도 리사에게 다가와 어깨를 툭 쳤다.

"우리도 시작해야지?"

"어? 그, 그래야지."

"커튼은 엄마에게 얘기해놨으니 곧 준비할 수 있을거야. 오늘은 이걸 하자."

찬영이 뿌듯하게 웃으며 리사의 책상 위로 스티커를 내밀었다. 캡틴아메리카, 토르, 아이언맨, 헐크, 블랙위도우, 호크아이 등 어벤저스 히어로들의 모습이 담긴 스티커였다. 요즘 한창 유행하는 그림에 리사의 눈도 휘둥그레졌다.

"이 귀한 걸 어디서 구했어?"

"하하! 내가 이래봬도 마블 히어로 마니아라고."

"찬영이는 역시 대단해."

"일단 창문에 이걸 붙이도록 하자."

"좋아!"

리사가 모처럼 밝은 얼굴로 찬영이를 따라 창가로 향했다. 아진이의 날카로운 목소리가 들려온 것은 그때였다.

"야, 이선재! 일어나란 소리 안 들려?"

"!"

리사와 찬영이가 깜짝 놀라 돌아보았다. 아진이가 여전히 책상에 이마를 박고 있는 선재에게 짜증을 부리고 있었다.

"얘가 계속 잠만 자고 있으면 어쩌자는 거야?"

"……."

하지만 선재는 여전히 일어날 생각을 하지 않았다.

"헐…… 뭐 이런 제멋대로인 녀석이 다 있지?"

아진이 본격적으로 한바탕 하려는 듯 팔을 걷어붙였다.

"정 그렇다면 억지로라도 깨워주지."

아진이 막 선재를 덮치려는 순간, 리사가 빽 소리쳤다.

"자게 내버려둬!"

"……!"

아진이와 반애들이 눈을 동그랗게 뜨고 리사를 쳐다보았다. 씩씩대는 리사를 황당한 듯 보던 아진이 피식 웃었다.

"강리사, 또 너니?"

"찬영이는 어제 늦게까지 일을 했어. 그러니까 자게 두란 말이야."

"내가 궁금한 건 왜 네가 사사건건 이선재의 일에 끼어드느냐는 거야."

"그, 그야……."

학급환경미화 25

찬영이가 곤란해진 리사의 팔을 끌어당겼다.

"그만하고 가자. 우리도 바쁘잖아."

"이거 놔!"

리사가 찬영이의 손을 뿌리쳤다. 그리고 아진이를 향해 목소리를 높였다.

"선재는 내 친구야. 게다가 우린 한집에서 살고 있지. 선재의 사정을 누구보다 잘 알고 있는 내가 선재를 챙겨주는 건 당연한 일 아니야?"

"호오…… 그러셔?"

아진이의 입가에 비웃음이 스쳤다.

"그렇게 사정을 잘 아는 애가 왜 선재한테 밤늦게까지 일을 시켰니? 오늘부터 환경미화 때문에 바빠진다는 걸 뻔히 알았을 텐데?"

"그, 그건……."

리사가 선뜻 대답하지 못하고 분한 듯 입술만 잘근잘근 깨물었다. 이때 소란에 잠을 깬 선재가 부스스 몸을 일으켰다.

"으으…… 잘 잤다."

아진이의 눈초리에 잔뜩 민망해 하던 리사가 불쑥 선재에게 타박을 놓았다.

"야, 이선재! 왜 이제야 일어나는 거야?"

"내, 내가 뭘?"

"환경미화는 어떻게 할 거냐고? 환경미화는!"

"……!"

선재가 어리둥절한 눈으로 자신을 주시하고 있는 반애들을 둘러보았다. 머리를 긁적인 선재가 스케치용 연필을 들고 책상 위로 올라갔다.

"지금부터 시작하면 되잖아."

선재가 연신 하품을 하며 스케치하기 시작했다. 리사와 찬영이, 아진이를 비롯한 반애들은 물론 선생님까지 모여 어느새 진지하게 연필을 놀리는 선재의 모습을 주시했다.

천장의 중심부에 자리 잡은 페가수스 주위에 판타지 세계의 캐릭터들이 하나둘 탄생했다. 드래곤이 불을 뿜고, 발록이 날개를 펴고 비상했으며, 오크들이 사냥감을 쫓아 질주했다. 그 사이로 은빛 날개를 반짝이는 아름다운 요정들이 날아다녔다.

그런데 요정들의 얼굴이 왠지 낯이 익었다. 자세히 보니 모두 반애들의 얼굴을 하고 있었다. 누군가는 웃고, 누군가는 찡그리고, 누군가는 골똘히 생각에 잠겨 있었지만 그들은 반 친구들이 분명했다. 간단한 스케치만으로 친구들의 특징을 정확하게 살려내는 것으로 보아 평소 선재가 그들에게 얼마나 많은 관심을 가지고 있었는지도 충분히 짐작할 수 있었다.

"어쩜…… 정말 근사하지 않아?"

"잘하면 작품이 탄생하겠어."

"이선재에게 저런 면이 있었다니?"

리사와 아진이를 비롯한 반애들의 얼굴에 놀라는 기색이 역력했

다. 찬영이만은 눈살을 찌푸린 채였다.

"후우우……!"

천장 한 쪽에 스케치를 끝낸 선재가 이마의 땀을 닦으며 책상에서 내려왔다.

짝짝짝짝!

순간 반애들 사이로 걸어 나오며 담임선생님이 박수를 치기 시작했다. 잠시 어리둥절한 표정을 짓고 있던 반애들도 곧 손뼉을 마주쳤다. 아이들의 얼굴에는 진심으로 감동받은 표정이 역력했다. 담임선생님은 아예 선재를 와락 안아주었다.

"선재야, 솔직히 너한테 이런 재능이 있는 줄은 몰랐구나. 잘 부탁한다. 이 천장화만 완성되면 우리 반은 분명 이번 환경미화에서 일등을 차지할 수 있을 거야."

"하하……!"

처음으로 주목을 받는 것에 쑥스러운 듯 웃는 선재의 얼굴을 리사와 아진이 뚫어져라 쳐다보았다. 마치 해변가에서 우연히 주운 돌멩이가 다이아몬드 원석이란 사실을 처음 알아차린 아이들처럼.

2
어떤 질투

 수요일까지 선재는 천장화의 스케치를 하느라고 정신없이 바빴다. 그 사이 연못 청소도 끝마쳐야 했기에 두 배로 힘이 들었다. 리사는 진심으로 선재를 도와주고 싶었다. 집에서는 엄마의 눈이 무서워 할 수 없었지만 학교에서 그림을 그리는 일이라도 돕고 싶었다. 하지만 리사에겐 그럴 기회가 주어지지 않았다. 아진이가 선재 곁에 찰싹 들러붙어 잠시도 떨어지지 않았기 때문이다. 무슨 생각인지 아진이는 스케치를 하는 선재 옆에 들러붙어서 알랑방귀를 뀌어댔다.
 "선재야, 피곤해 보이는데 조금 쉬었다 하는 게 어때?"
 "여기 이 의자에 앉아서 하면 조금 편할 거야."
 "이선재, 우리 나가서 음료수라도 먹고 올까?"
 아진이의 태도가 갑자기 변한 이유를 리사도 짐작하고 있었다. 선재는 미운 오리새끼에서 아름다운 백조로 재탄생하는 중이었다. 담임선생님의 말처럼 학급환경미화의 성패는 선재가 그리는 천장화에 달려 있었고, 그것은 곧 선재에 대한 관심으로 이어졌다. 그런 분위기를 알아차리고 선재에게 친한 척을 하는 아진이가 리사는 얄미워서 견딜 수가 없었다. 그리고 그런 아진이 옆에서 실실거리는 선재도 덩달아 꼴 보기 싫었다. 여러 가지로 짜증나는 환경미화 기간이었다.

"오늘은 커튼을 고르자."

오후에 찬영이는 리사의 손을 잡아끌며 학교 밖으로 나왔다. 교문 밖으로 나오는 두 사람 앞으로 번쩍번쩍 빛나는 최고급 승용차 한 대가 미끄러지듯 정지했다. 운전석 문이 열리며 리사도 알고 있는 찬영이네 기사 아저씨가 내렸다.

단정한 정장 차림의 아저씨가 찬영이와 리사를 향해 머리를 숙였다.

"지금 나오십니까, 도련님?"

"안녕하세요?"

리사도 아저씨를 향해 인사를 했다. 찬영이 리사를 데리고 차 안으로 들어가며 아저씨에게 말했다.

"스카이 백화점으로 가주세요."

"커튼을 백화점에서 고르게?"

부담스런 표정의 리사를 돌아보며 찬영이 씨익 웃었다.

"엄마한테 물어봤더니, 우리 그룹에서 운영하는 백화점에 최고급 커튼 매장이 있다잖아. 엄마가 점장에게 전화를 걸어준다고 했으니까, 아마 최고로 좋은 커튼을 고를 수 있을 거야."

"하지만……."

그렇게 비싼 커튼이 교실에 어울릴지 모르겠다고 말하려다 리사는 입을 다물었다. 찬영이가 왜 이리 커튼에 공을 들이는지 알 것 같았기 때문이다. 모두의 관심이 선재에게 쏠리면서 찬영이는 바싹 약이 올라 있는 상태였다. 찬영이는 어떻게든 선재에게 집중된 반애들의 관심을 되찾아오고 싶었던 것이다.

"벨벳 커튼을 원한다고 하셨죠? 마침 저희 매장에 얼마 전 덴마크산 최고급 벨벳 커튼이 들어왔답니다."

세련된 정장 차림의 점장 언니가 찬영과 리사를 벨벳 커튼이 줄지어 걸려 있는 진열대로 안내했다.

"와아…… 진짜 예쁘다!"

부드러운 감촉의 커튼들을 손가락으로 쓸어보며 리사가 감탄했다. 리사가 다른 커튼보다 확연히 고급스러워 보이는 초록색 벨벳 커튼 자락을 들어 보이며 점장 언니를 향해 물었다.

"이게 제일 마음에 들어요. 그런데 넓은 교실 창문에 이 커튼을 달려면 금액이 어마어마하게 들겠죠?"

점장 언니가 찬영이를 쳐다보며 빙그레 미소 지었다.

"사모님께서 금액은 걱정 말라고 하셨습니다."

"이 비싼 걸 공짜로 받을 수는 없어요. 담임선생님께 말씀드려서 학급운영비로 지불할 테니까 말씀해주세요."

"그게, 저어……."

곤란해 하는 점장 언니의 앞을 찬영이가 가로막고 나섰다.

"그냥 이걸로 결정하자. 선생님께는 내가 말씀드릴게."

싱글벙글 웃는 찬영이의 얼굴을 심각하게 보다가 리사가 마지못해 고개를 까닥였다.

"찬영이 네 생각이 정 그렇다면야……."

"고마워, 리사!"

교실 창문에 찬영과 리사가 고른 커튼이 달렸다. 확실히 눈이 번쩍 뜨일 정도로 근사한 커튼이었다. 그런데 기대와는 달리 선생님과 반 애들의 반응은 영 시원치 않았다.

"커튼이 근사하긴 한데……."

"교실에는 조금 안 어울리는 것 같지 않아?"

"몸에 맞지도 않는 옷을 억지로 걸친 느낌?"

리사가 보기에도 값비싼 커튼은 중학교 교실에는 너무 과한 사치품처럼 보였다. 하지만 찬영이는 고집을 꺾지 않았다.

"내 눈에는 좋아 보이기만 하는데 뭘 그래? 커튼을 달고 나니까 교실 전체가 훤해 보이지 않아?"

"……."

찬영이의 항변에도 반애들은 시큰둥한 반응을 보였다. 담임선생님이 나서서 상황을 정리했다.

"일단 찬영이와 리사가 어렵게 구해온 커튼이니까 달아두도록 하자. 나머지 친구들도 자기가 맡은 부분을 잘 마무리할 수 있도록 하렴. 특히 선재가 잘해줘야 한다."

담임선생님과 반애들이 일제히 고개를 돌려 사다리를 놓고 올라가 스케치 위에 색을 칠하기 시작한 선재와 바로 옆에서 조수 역할을 수행하고 있는 아진이를 쳐다보았다.

의상에 푸른색이 입혀지고, 날개에 은빛이 더해지면서 그림은 하나둘 생명력을 얻어가고 있었다. 드래곤은 오만한 군주처럼 검은 날개를 펄럭였고, 트롤들은 난폭한 사냥꾼답게 흰 송곳니를 번뜩였다. 판타지 세계의 구성원 하나하나가 제게 어울리는 색을 입고 생동감 있게 살아 움직이는 것처럼 보였다.

리사도 엄마의 영향을 받아서 어려서부터 그림에 관심이 많았고, 개인교사를 두고 직접 그림을 배우기도 했다. 그런 리사의 눈에도 선재의 그림에선 천재적인 감각이 엿보였다. 따로 그림을 배운 것 같진 않았지만 선재는 본능적으로 색감을 살릴 줄 알았다.

"선재에게 저런 재주가 숨겨져 있을 줄이야……!"

나직이 중얼거리는 리사 옆에서 담임선생님도 고개를 끄덕였다.

"리사도 그렇게 생각하지? 나중에 선재의 진로에 대해 진지하게 대화를 나눠봐야 할 것 같구나."

단 한 사람, 찬영이만은 자존심이 제대로 상한 듯 미간을 잔뜩 찌푸린 채 선재를 노려보고 있었다.

"사사건건 눈에 거슬리는 녀석이라니까……!"

순풍에 돛단 듯 진행되던 선재의 천장화 작업이 벽에 부딪친 것은 비가 퍼붓기 시작한 월요일 아침부터였다. 오전에 비가 그칠 것이라는 일기예보가 어긋나 오후까지 비가 계속되면서 막 채색 작업이 끝난 천장화에 문제가 생긴 것이다. 습기가 차자 천장화의 색이 조금씩 번지기 시작했고, 담임선생님은 조금씩 색이 변형되는 천장을 올려다보며 걱정스럽게 중얼거렸다.

"이 일을 어쩌면 좋니? 까닥하면 비 때문에 아까운 작품을 망쳐버릴 수도 있겠구나."

리사와 선재도 반애들과 함께 걱정스럽게 천장을 올려다보았다. 선재 옆에 서 있던 아진이가 팔을 번쩍 쳐들었다.

"선생님, 좋은 방법이 있어요!"

"무슨 방법?"

"커다란 선풍기를 여러 대 가져다가 돌리면 그림을 말릴 수 있지 않을까요?"

"그런 선풍기를 어디서 구하지?"

의아한 표정을 짓는 선생님을 향해 아진이가 자신있게 말했다.

"그건 제가 구해올게요."

"아진이 네가 어떻게?"

"저희 아빠 공장에 그런 대형 선풍기가 여러 대 있거든요. 아빠께 부탁하면 빌려주실 거예요."

"그렇게만 된다면 정말 다행이겠구나."

"헤헤……!"

아진이는 정말 날이 저물기도 전에 대형 선풍기를 세 대나 구해왔다. 아진이네 아빠가 운영하는 공장에서 일하는 아저씨들이 트럭에 싣고 온 선풍기를 교실까지 옮겨다주었다.

"고생하셨습니다. 아진이 아버님께 꼭 감사의 인사를 전해주세요."

담임선생님이 돌아가는 아저씨들을 향해 연신 머리를 숙였다.

"자, 이제 선풍기들이 효과가 있는지 보도록 할까?"

선생님이 긴장된 얼굴로 선풍기를 작동시켰다. 시끄러운 소리와 함께 선풍기의 날개가 돌아가며 강한 바람이 뿜어졌다. 선재와 리사, 아진이와 찬영이 모두 긴장된 얼굴로 천장화를 뚫어져라 쳐다보았다. 처음에는 잘 모르겠더니, 시간이 흐를수록 색 번짐이 멈추는 것을 똑똑히 느낄 수가 있었다.

"휴우우……! 확실히 효과가 있구나. 간신히 살았다."

안도의 한숨을 몰아쉬던 선생님이 다시 걱정스런 표정을 지었다.

"그런데 누군가 늦은 시간까지 남아서 계속 선풍기의 방향을 바꿔

줘야 할 것 같은데……?"

선재가 싱긋 웃으며 손을 들었다.

"선생님, 그건 제가 할게요."

"선재 혼자서는 힘들지 않을까? 누군가 함께 남아줄 수 있겠니?"

선재와 같은 조인 아진이는 곤란한 얼굴로 대답했다.

"저는 밤늦게까지 남는 건 힘들 거 같아요. 귀가시간에 대해선 아빠가 워낙 엄격하셔서요."

"당연히 그렇겠지."

이때 골똘히 생각에 잠겨 있던 리사가 불쑥 팔을 들었다.

"그럼 제가 남을게요."

"리사가?"

리사가 고개를 크게 끄덕였다.

"저와 선재는 같은 집에 살고 있으니까 그림을 돌보다가 함께 귀가하면 돼요."

"오, 그러면 되겠구나!"

골치 아픈 문제를 해결한 듯 담임선생님의 표정이 환해졌다. 약이 바싹 오른 아진이의 얼굴을 힐끔 보며 리사는 절로 기분이 좋아졌다. 이제야 아진이에게 제대로 한 방 먹인 것 같았기 때문이다. 찬영이가 그런 리사의 팔을 잡고 교실 구석으로 끌고갔다.

"뭐하는 짓이야?"

"내가 뭘?"

"너는 나와 같은 조잖아. 그런데 왜 선재 녀석을 돕겠다는 거야?"

"창문에 스티커도 붙였고, 커튼도 달았어. 우리가 할 일은 이미 다 끝났잖아."

"그래도 나는 네가 선재와 밤늦게까지 학교에 남아 있는 게 싫단 말이야."

"우린 모두 친구야. 친구끼리 돕는 게 뭐가 나쁘니?"

고집을 꺾지 않는 리사의 얼굴을 지그시 응시하던 찬영이가 불쑥 내뱉었다.

"너희 어머니께서 과연 허락하실까?"

"뭐, 뭘?"

"네가 밤늦게까지 선재와 학교에 남아 있는 걸 허락하시겠냐고."

"그, 그건……!"

당황하던 리사가 찬영이의 손을 덥석 잡았다.

"엄마한테는 찬영이 너와 함께 환경미화를 하느라고 늦는다고 말할게. 그러니까 제발 비밀로 해주라, 응?"

"뭐……?"

오히려 자신에게 선재를 도울 수 있도록 해달라고 부탁하는 리사를 찬영이가 황당한 듯 쳐다보았다. 눈살을 찌푸린 채 고민하던 찬영이 말했다.

"그럼 나도 남을게."

"그게 무슨……?"

"나도 너희 둘과 남아서 저놈의 그림이 망가지지 않는지 살펴보겠다고. 그게 내가 너희 어머니께 사실대로 말하지 않는 조건이야."

"흐음……."

잠시 생각하던 리사가 흔쾌히 고개를 끄덕였다.

"좋아, 그렇게 하자!"

이렇게 해서 선재와 리사, 찬영이 셋은 방과 후 학교에 남게 되었다. 세 사람은 힘을 합쳐 선풍기의 위치를 바꾸고, 그림이 잘 마르는지 세심히 살펴보았다.

날이 어두워지자 리사가 집으로 전화를 걸어 성 여사에게 사정을 설명했다. 성 여사의 곱지 않은 목소리가 리사의 핸드폰을 통해 흘러나왔다.

"엄마는 그래도 너무 늦게까지 학교에 남아 있다는 게 마음에 들지 않는구나. 차라리 내일 일찍 학교에 나가 마무리하면 어떻겠니?"

성 여사의 말에 리사가 다급히 변명했다.

"찬영이도 같이 있을 거예요!"

"찬영이가 함께 남는다고……?"

찬영이의 이름이 나오자 성 여사의 목소리가 살짝 누그러졌다.

"찬영이랑 같은 조거든요. 오늘 꼭 끝내야만 하는 일이라서 그래요. 한 번만 허락해주세요, 엄마."

"으음……."

신음을 흘리던 성 여사가 불쑥 말했다.

"그럼 찬영이를 바꿔보렴."

"차, 찬영이요……?"

리사가 곤란한 표정이 되어서는 옆에 서 있는 찬영이를 돌아보았다. 찬영이 피식 웃으며 손을 내밀었다. 리사가 쑥스러운 듯 혀를 내밀며 핸드폰을 건넸다.

"어머니, 안녕하세요?"

찬영이가 핸드폰에 대고 시원시원하게 말했다.

"네, 네……! 사실이에요. 저와 리사가 맡은 일을 끝내지 못해서요. 오늘 둘이 남아서 마저 하고 가려고요. 제가 안전하게 집까지 데려다줄 테니까 허락해주세요, 어머니."

잠시 후, 찬영이 빙그레 웃었다.

"어머니, 감사합니다."

"어떻게 됐어?"

초조한 듯 묻는 리사에게 통화를 끝낸 찬영이가 핸드폰을 돌려주며 씨익 웃었다.

"어머니께서 나만 믿겠다고 하시네."

"꺄아! 고마워, 찬영아!"

그날 밤늦게까지 선재와 리사, 찬영이는 교실에 남아 천장화를 말렸다. 몇 시간에 걸친 노력 덕분인지 물감이 더 이상 번지지는 않았다. 선재가 사다리를 밟고 올라가 색이 번진 부분을 보강했다. 문제는 그칠 생각을 하지 않고 끈질기게 내리는 비였다. 선재가 비가 내리는 창밖을 보며 우울하게 중얼거렸다.

"그만 비가 그쳐주면 좋을 텐데……."

"이제 그만 돌아갈 시간이야."

등 뒤에서 들려오는 차가운 목소리에 선재가 돌아섰다. 찬영이 화난 사람처럼 선재의 얼굴을 쨰려보고 있었다. 선재도 찬영이의 시선을 피하지 않고 마주보았다. 입을 꾹 다문 채 서로의 얼굴을 뚫어져라 보는 선재와 찬영이 사이에 묘한 긴장감이 흘렀다. 리사가 두 사람 사이로 재빨리 끼어들었다.

"서두르자! 이러다 늦겠어!"

리사의 재촉에 선재와 찬영이는 떨어졌고, 세 사람은 교실을 빠져나왔다. 마지막까지 안심이 되지 않는 듯 문을 닫기 전 선재는 천장을 한 번 스윽 훑어보았다.

리사를 가운데 두고 선재와 찬영이는 전철역을 향해 나란히 걸었다. 리사가 선재의 어두운 옆얼굴을 힐끗 보았다.

"걱정돼?"

"응?"

"천장화를 망칠까봐 걱정되냐고."

"아니, 뭐……."

찬영이 피식 비웃음을 흘렸다.

"누가 보면 세계적인 명작이라도 되는 줄 알겠네."

"……!"

선재가 찬영이를 휙 째려보았다. 그러거나 말거나 찬영이는 계속 비아냥거렸다.

"그래봤자 학급환경미화용으로 그린 아마추어의 그림이잖아. 너무 호들갑을 떨고 있다고 생각하지 않아?"

"나는 내 그림이 반에 도움이 되길 바랄 뿐이야."

"글쎄……. 네 그림이 도움이 될지 아니면 우리 반의 환경미화를 망치게 될지는 두고봐야 하지 않을까?"

"으음……!"

서로를 뚫어져라 쏘아보는 선재와 찬영이 사이에 불꽃이 튀길 것 같았다. 그 가운데 서서 리사는 당황하여 어쩔 줄 몰라 했다.

끼이익!

이때 찬영이 옆으로 고급 승용차가 정지했다. 운전석 문이 열리며 찬영이네 기사 아저씨가 내렸다.

"도련님, 모시러 왔습니다."

찬영이 차 안쪽을 가리키며 리사에게 말했다.

"집까지 태워다줄게."

리사가 선재의 팔을 잡아끌었다.

"타고 가자."

선재가 그 손을 가볍게 뿌리쳤다.

"난 그냥 전철을 타고 갈게."

"하지만……."

리사가 뭐라고 하기도 전에 선재가 휙 돌아서서 전철역을 향해 빠르게 걸어가버렸다. 리사가 당황스런 눈으로 승용차 앞에 선 찬영이와 멀어지는 선재의 뒷모습을 번갈아 쳐다보았다. 리사가 마음을 굳힌 듯 몸을 돌려 선재를 향해 뛰어갔다.

"찬영아, 나도 전철 타고 갈게! 내일 학교에서 보자!"

찬영이 주먹을 꽉 움켜쥐고 나란히 멀어지는 선재와 리사의 뒷모습을 노려보았다.

"으으……! 이선재, 저 바보 같은 녀석이 뭐가 좋다고……!"

화를 참지 못해 부들부들 떨던 찬영이 차에 올라서는 거칠게 문을 닫았다.

쾅!

"아저씨, 가요!"

부우웅!

차가 출발했지만 찬영이는 화가 풀리지 않는 듯 여전히 무서운 표정을 짓고 있었다. 찬영이는 품속에서 핸드폰을 꺼냈다. 핸드폰을 뚫어져라 들여다보며 망설이던 찬영이 주소록을 검색해 어느 한 번호를 눌렀다.

"어머니, 저 찬영이에요. 실은 제가 저녁 때 어머니께 솔직하게 말씀드리지 못한 게 있는데요…….”

 리사가 먼저 살며시 대문을 열고 들어왔다. 넓은 정원에 인기척이 없는 것을 확인한 리사가 대문 바깥쪽을 향해 손짓을 했다.
 “빨리 들어와! 빨리!”
 리사에 이어 안으로 들어온 사람은 선재였다. 선재가 잔뜩 긴장한 리사를 향해 고개를 갸웃했다.
 “왜 이렇게 도둑고양이처럼 들어와야 하는 건데?”
 “그걸 정말 몰라서 묻는 거야? 너를 돕느라고 늦었다는 걸 엄마가 알면 가만히 있을 거 같아?”
 날카로운 목소리가 밤공기를 뚫고 날아든 것은 그때였다.
 “그걸 아는 애가 엄마를 속였다는 말이니?”
 “……!”
 리사와 선재가 눈을 동그랗게 뜨고 나무 뒤쪽에서 걸어 나오는 성 여사를 돌아보았다. 어찌나 화가 났는지 성 여사의 얼굴은 새파랗게 질려 있었다. 한동안 입도 벙긋 못하고 성 여사의 얼굴을 보던 리사가 간신히 변명했다.
 “어, 엄마…… 그게 어떻게 된 일이냐면 말이죠……?”
 “조용히!”
 “엄마……?”
 “엄마를 더 이상 실망시키고 싶지 않다면 제발 조용히 해라.”

"……."

성 여사의 서슬 퍼런 기세에 리사는 입을 다물 수밖에 없었다. 성 여사의 싸늘한 시선이 선재에게 꽂혔다.

"이선재."

"네…… 네. 사모님."

"너는 내일부터 학교가 끝나자마자 집으로 와야 한다. 그리고 이 집의 집사로서 맡은 바 임무를 충실히 하도록 해라."

"네, 알겠습니다."

고개를 숙이는 선재를 대신해서 리사가 항의했다.

"하지만 엄마! 선재는 모레 있을 학급환경미화 심사 때문에 내일은 늦게까지 학교에 남아 있어야만 한단 말이야!"

"그건 내 알 바 아니다."

"어떻게 그럴 수가……?"

"리사 너도 마찬가지야. 내일부터 일주일 동안 학교가 끝나면 즉시 집으로 돌아오고, 외출은 절대금지다. 만약 이번에도 엄마의 말을 어길 시에는……."

성 여사는 더 이상 말을 잇지 않았다. 하지만 리사는 엄마의 무서운 눈빛에 담긴 경고의 의미를 충분히 알아차릴 수 있었다. 창백하게 굳은 선재의 얼굴을 돌아보며 리사는 속으로 탄식했다.

'어쩌면 좋아. 선재를 도우려고 시작한 일이 결국은 선재를 점점 더 힘들게 만들고 있어.'

다음 날 아침, 나란히 교실로 들어서던 선재와 리사가 멈칫했다. 반애들이 교실 한복판에 모여 천장을 보며 웅성거리고 있었기 때문이다. 아이들을 따라 천장을 보던 선재와 리사의 표정이 딱딱하게 굳어졌다.

"저걸 어쩌면 좋아……?"

밤새 내린 비는 결국 천장화를 망쳐놓고야 말았다. 색이 심하게 번지면서 그림의 중심을 차지하는 페가수스와 드래곤, 요정 몇이 형체를 알아볼 수 없을 정도로 심하게 얼룩져버렸다. 반애들의 시선이 일제히 표정을 굳힌 채 선 선재에게 쏠렸다.

반애들 앞으로 나서며 아진이 물었다.

"선재야, 저거 내일까지 고칠 수 있겠니?"

"아마 가능할 거야. 하지만 어쩌면……."

선재가 말끝을 흐리는 이유를 오직 리사만이 알고 있었다. 선재는 오늘 방과 후에 도저히 시간을 뺄 수가 없는 것이다.

"어쩌면 뭐?"

궁금해 죽겠다는 듯이 묻는 아진을 향해 선재가 대답했다.

"어쩌면 불가능할지도 모르겠어."

"무슨 대답이 그래? 고칠 수 있다는 거야, 없다는 거야?"

잠시 망설이던 선재가 자포자기한 듯이 내뱉었다.

"아마도 힘들 거 같아."

"아……!"

순간 아진이의 얼굴에 실망의 빛이 떠올랐다. 아니, 아진이뿐만이 아니었다. 선재가 그림을 망칠지도 모른다고 생각하는 순간, 반애들 전체의 분위기가 묘하게 바뀌었다. 개구리에서 부활한 왕자처럼 선재를 대하던 반애들은 짧은 시간에 왕자가 여전히 개구리란 사실을 깨달은 것처럼 보였다. 급기야 아진이와 반애들은 선재를 원망하기 시작했다.

"저 그림이 잘못되면 학급환경미화 일등도 물 건너가는 거잖아."

"이선재, 어떻게 책임질래?"

"남자가 한 번 하겠다고 했으면 책임을 져야 할 거 아냐?"

리사는 자신이 욕을 먹는 것만 같아 분통이 터졌다.

'멍청아! 가만히 있지만 말고 변명이라도 해봐. 우리 엄마 때문에 그림을 고칠 수 있는 시간을 도저히 낼 수가 없다고 말하라고!'

리사의 바람과는 달리 선재는 어떤 변명도 하지 않았다. 자신을 원망스럽게 쳐다보는 반애들을 지나쳐 자리로 향했을 뿐이다. 그런 선재를 황당한 듯 쳐다보던 반애들도 곧 흩어졌다.

"쳇~ 저런 녀석한테 기대를 건 우리가 바보지."

"엉터리 같은 천장화는 포기하고 우리끼리라도 잘해보자."

"나는 천장화보단 찬영이와 리사가 맡은 창문이 훨씬 멋진 거 같더라."

"맞아. 저 벨벳 커튼 정말 근사하지 않니?"

분한 마음에 입술을 꼭 깨문 채 가늘게 몸을 떠는 리사의 팔을 누군가 툭 건드렸다. 돌아보니 찬영이가 무엇이 그리 좋은지 싱글벙글 웃으며 서 있었다.

"그새 천재화가 이선재의 인기가 시들해진 것 같은데?"

"으음……."

"왜 그렇게 쳐다봐?"

"나랑 잠깐 나가서 얘기 좀 해."

리사가 휙 돌아서서 교실 밖으로 나갔다.

복도 끝에 서서 리사는 한동안 말없이 찬영이의 얼굴만 뚫어져라 보았다.

"왜 그렇게 쳐다봐? 내 얼굴이 그렇게 잘생겼어?"

찬영이가 농담을 던졌지만 리사는 웃지 않았다.

"솔직히 말해봐."

"대체 뭘?"

"네가 우리 엄마한테 일러바쳤지? 내가 선재 때문에 집에 늦게 들어간다고."

"헐……!"

찬영이는 불쾌한 표정을 숨기지 않았다.

"대체 무슨 근거로 그런 말을 하는 거지?"

"그러지 않았다면 어젯밤 우리 엄마가 나와 선재를 기다리고 있었을 리가 없잖아?"

찬영이도 목소리를 높였다.

"그야 네가 늦게 들어오니까 걱정돼서 기다리다가 우연히 보게 되셨겠지!"

리사가 씩씩대는 찬영의 눈을 들여다보며 재차 확인을 받았다.

"정말 우리 엄마한테 아무 말도 하지 않았어?"

"그렇다니까!"

"으음……."

"리사 너야말로 이상해. 그깟 그림 때문에 너무 예민하게 구는 거 아니야?"

"그깟 그림이라니? 선재가 그린 천장화가 이번 환경미화에서 우리 반을 일등으로 만들어줄 거라는 선생님의 말씀을 벌써 잊은 거야?"

리사의 말에 찬영이의 입꼬리가 슬쩍 올랐다.

"글쎄…… 내 눈에는 그냥 천장에 칙칙한 얼룩이 번진 것처럼 보이던걸."

"그, 그야 습기 때문에 색이 번져서……."

"심사위원들이 그 말을 믿어줄까? 게다가 선재는 내일까지 그림을 고치는 게 불가능하다고 말했잖아. 리사 너도 그만 포기하는 게 좋을 거야."

찬영이 빙글빙글 웃으며 돌아섰다. 리사의 눈에는 찬영이의 웃음이 그렇게 얄미워 보일 수가 없었다. 리사가 교실로 향하는 찬영이의 등을 쏘아보며 입술을 깨물었다.

"두고 봐…… 내가 어떻게든 선재의 그림을 다시 살려놓고야 말

테니까!"

그날 밤늦게까지 선재는 정원 한쪽에 화단을 새로 만들고 오래된 폐가구들이 쌓여 있는 창고를 정리했다. 리사는 자신의 방 창가에 서서 구슬땀을 흘리며 일하는 선재의 모습을 지켜보았다. 리사가 입술을 잘근잘근 깨물며 초조한 듯 중얼거렸다.

"어쩜 좋아…… 결국 그림 근처에는 가보지도 못하고 하루가 저물고 말았어……."

선재는 밤 열 시가 넘어서야 별채로 사라졌다. 선재의 방에서 불이 꺼진 후에도 리사는 잠들지 못하고 침대에 누워 전전긍긍했다. 리사가 참지 못하고 벌떡 몸을 일으키며 벽에 걸린 시계를 보았다. 시간은 열시 반을 넘어서고 있었다.

"지금 달려가면 마지막 전철을 탈 수 있을 텐데……!"

저도 모르게 중얼거리던 리사는 퍼뜩 정신을 차렸다.

"내, 내가 지금 무슨 생각을 하는 거지? 만약 몰래 학교로 갔다가 엄마한테 들키는 날에는……."

엄마의 무서운 얼굴을 떠올리며 리사는 부르르 진저리를 쳤다. 하지만 한 번 시작된 생각은 달콤한 유혹처럼 마음을 어지럽혔다. 리사가 깊은 고민에 잠겼다. 리사는 자신에 대한 엄마의 지극한 애정을 잘 알고 있었다. 그 애정이 배신당했다고 느꼈을 때, 엄마가 얼마나 무섭게 돌변할 수 있는지도. 그럼에도 리사는 선재의 그림을 고쳐

주리 학교로 달려가고 싶은 유혹을 떨쳐버릴 수가 없었다.

무엇보다 참기 힘든 것은 선재를 바라보는 반애들의 눈빛의 변화였다. 선재의 그림은 반애들로 하여금 왕따였던 선재를 영웅처럼 떠받들게 만들었다. 하지만 그림을 망칠 것이라고 생각하자마자 아이들은 언제 그랬냐는 듯 선재를 다시 무시하기 시작했다. 이상하게도 리사는 선재가 반애들에게 무시당하면 자신이 무시당하는 것처럼 싫었다. 리사가 결국 침대를 박차고 일어섰다.

"어차피 나 때문에 벌어진 일이야! 내가 해결하는 게 당연해!"

외투를 꺼내 입은 리사가 방문을 향해 걸어갔다.

딸칵!

"리사야, 자니?"

순간 방문이 열리며 엄마의 목소리가 들렸다.

"……!"

동시에 리사는 바위처럼 굳어버리고 말았다. 이대로 엄마와 마주치게 된다면 자신이 무슨 짓을 하려고 했는지 꼼짝없이 들키게 될 것이다.

'으아아…… 이젠 끝장이다!'

리사는 엄마와 맞닥뜨릴 생각에 눈을 질끈 감아버렸다.

후우우웅-!

리사의 몸 윤곽을 따라 눈부신 빛이 떠오르기 시작한 것은 바로 그때였다. 점점 강렬해지는 빛이 리사를 순식간에 휘감았다. 눈을 감고 있었기 때문에 자신에게 무슨 일이 벌어지고 있는지 알아차리지도 못하는 사이, 리사의 모습이 빛과 함께 홀연히 사라져버렸다.

3
불행한 왕자 호동과의 만남

　리사는 여전히 눈을 감고 있었다. 그녀는 곧 자신의 머리 위로 엄마의 불호령이 떨어질 것을 믿어 의심치 않았다.
　"……!"
　그런데 한참을 기다려도 정적만이 계속되었다. 천천히 눈을 뜨던 리사가 흠칫 놀랐다. 달빛이 은은히 비추는 널찍한 공터에 홀로 서 있는 자신의 모습을 발견했기 때문이다.
　"여, 여기가 대체 어디지……?"
　휘둥그레진 눈으로 주위를 둘러보는 리사의 주변에는 고궁에서나 볼 수 있는 고풍스런 전각들이 줄지어 서 있었다. 밤하늘을 향해 완만하게 곡선을 그리며 뻗어 올라간 팔각지붕의 처마를 바라보며 리사가 질린 듯 중얼거렸다.

"아무래도 조선이나 고려시대로 떨어져버린 모양인데……?"

아니나 다를까, 리사의 눈에 땅에 떨어져 있는 두꺼운 양장본 책이 들어왔다. 리사가 '세기의 로맨스'를 주우며 쓴웃음을 지었다.

"엄마한테 들키기 직전에 과거로 떨어져버렸네. 이럴 때는 이 갑작스런 여행도 쓸모가 있구나."

"아바마마, 소자의 충심을 믿어주십시오."

이때 전각과 전각 사이의 어두운 골목 안쪽에서 누군가의 목소리가 들려왔다. 그 목소리가 어찌나 서글픈지 리사는 저도 모르게 그쪽으로 살금살금 걸음을 옮겼다.

"아앗!"

골목 안을 들여다보던 리사의 입에서 새된 소리가 터져 나왔다. 또래의 소년이 무릎을 꿇은 채 제 얼굴을 향해 날카로운 단도를 겨누고 있었기 때문이다. 리사가 본능적으로 소년을 향해 몸을 날렸다.

"뭐하는 짓이야?"

땡강!

리사가 소년의 손에 쥐어져 있던 단도를 냅다 걷어찼다. 칼은 포물선을 그리며 날아갔다. 소년이 리사를 휙 째려보았다. 자신을 사납게 쏘아보는 소년의 얼굴을 리사가 멍하니 응시했다. 화려한 장식이 달린 모자를 쓰고, 비단옷을 입고 있는 것으로 보아 소년은 이 왕궁에 살고 있는 왕족처럼 보였다. 하지만 리사를 충격에 빠뜨린 것은 소년의 고급스런 차림새가 아니었다. 리사를 긴장시킨 것은 조각을

불행한 왕자 호동과의 만남

깎아놓은 듯 잘생긴 소년의 외모였다. 큰 키에 늘씬한 몸매, 어깨가 떡 벌어진 소년은 일단 체격부터가 당당했다. 게다가 횃불처럼 밝게 빛나는 눈과 우뚝 솟은 콧날, 굳게 다문 입술이 아이돌스타 못지않은 훈남이었다.

"지, 진짜 잘생겼다……!"

간신히 중얼거리는 리사를 향해 소년이 눈살을 찌푸렸다.

"너는 누구인데 감히 왕자인 나를 향해 발길질을 하는 것이냐?"

퍼뜩 정신을 차린 리사가 변명했다.

"발로 찬 건 미안해. 하지만 네가 꼭 네 얼굴에 상처를 내려는 것처럼 보여서……."

소년이 바지를 툭툭 털고 일어서며 내뱉었다.

"얼굴에 상처를 내려고 했던 건 맞아."

"너 미쳤니? 그 잘생긴 얼굴에 왜 상처를 내?"

잘생겼다고 칭찬을 하는데도 소년의 표정은 더욱 일그러졌다.

"그 잘생긴 얼굴이 문제라는 거다."

"대체 무슨 말이야?"

"아바마마인 대무신왕께선 내가 왕위를 빼앗기 위해 반란을 일으킬지도 모른다고 의심하고 계셔."

"대무신왕이 대체 어느 나라의 왕이지……?"

소년이 기가 막힌 듯 헛웃음을 흘렸다.

"너는 고구려의 백성이면서 이 나라를 다스리는 위대한 왕에 대해

서도 모른단 말이냐?"

"고, 고구려? 그럼 이곳이 고구려란 말이야?"

"당연하지!"

"그럼 지금이 혹시 몇 년도쯤 됐어?"

"지금은 서기 32년이야. 부왕인 대무신왕이 고구려를 건국하신 주몽대왕과 유리명왕에 이어 세 번째로 등극하시어 나라를 다스리고 계시지. 부왕께선 부여의 대소왕을 척살하시고, 북쪽의 개마국과 구다국을 정벌한 용맹한 왕이셔. 그리고 '큰 전쟁의 신'이라는 뜻인 대무신왕의 호칭을 얻으셨지."

아버지에 대해 이야기하는 왕자의 눈이 빛을 발했다. 리사는 왕자가 아버지를 얼마나 존경하고 있는지 충분히 짐작할 수 있었다. 리사가 이해할 수 없다는 듯이 고개를 갸웃했다.

"그런데 너는 왜 스스로의 얼굴에 상처를 내려고 한 건데?"

"으음……."

순간 왕자의 새빨간 입술을 비집고 고통스런 신음이 흘러나왔다. 왕자의 눈빛이 너무 서글퍼 보여서 리사는 가슴이 미어질 듯했다. 왕자가 한참만에야 힘겹게 입을 열었다.

"나는 부왕의 정비가 아닌 차비의 아들이야."

"정비는 뭐고, 차비는 뭐야?"

"정비는 첫 번째 부인, 차비는 두 번째 부인이란 뜻이야."

"아하!"

"당연히 부왕의 뒤를 잇는 건 정비의 아들일 거야. 나도 그것에 대해 불만 따윈 가져본 적도 없어. 그런데 사람들이 나를 그냥 내버려 두질 않는 거야. 대신들과 백성들은 나의 외모를 보고 내가 왕의 재목이라느니, 차비의 아들이 왕이 될 것이라느니 떠들기 시작했어. 그리고 그 풍문은 정비 마마의 귀에도 들어갔지. 마마는 부왕께 내가 언젠간 용상을 차지하기 위해 반란을 일으킬 것이라고 고하고 말았어."

리사가 놀라 눈을 크게 떴다.

"설마 네 아버지가 그 말을 믿었다는 말이야……?"

"부왕께선 처음에는 나의 효심과 충심을 의심하지 않으셨어. 그런데 정비 마마와 그를 따르는 간신배들이 계속 고하자 결국 나를 추궁하기 시작하셨지. 내일 아침에 대전에서 나는 부왕과 대신들 앞에서 죄를 추궁당하기로 되어 있어. 그래서……."

"그래서 그 잘생긴 얼굴에 스스로 상처를 내려고 했던 거구나?"

"이 얼굴은 나한테는 저주일 뿐이니까."

"후우우……!"

왕자의 처지가 딱해서 리사는 저도 모르게 한숨을 몰아쉬었다. 리사가 왕자를 향해 설득조로 말했다.

"그런다고 얼굴에 상처를 내는 건 너무 무모한 짓이야. 차라리 내일 아버지 앞에서 너의 결백을 당당하게 밝히는 게 낫지 않을까?"

"그렇게 해서 부왕의 오해가 풀린다면야……."

왕자가 자신 없는 어조로 중얼거렸다. 침울한 소년의 얼굴을 보던 리사가 문득 생각난 듯이 물었다.

"그런데 너는 이름이 뭐니?"

"나는 호동이라고 해."

"호, 호동이라고……? 호동왕자와 낙랑공주의 그 호동?!"

"낙랑공주는 대체 누군데?"

고개를 갸웃하는 호동왕자의 얼굴을 리사가 입을 쩍 벌린 채 바라보았다.

"자, 이 방을 쓰도록 해."

갈 곳이 없으니 궁에 머물게 해달라고 통사정하는 리사를 호동이 시녀들의 숙소로 데려갔다. 그리고 좁은 방 하나를 내주었다.

"흐음…… 방이 좁긴 하지만 그런대로 쓸 만하네."

방안을 둘러보는 리사의 옷차림을 위아래로 훑던 호동이 벽에 걸린 시녀복을 가리켰다.

"그렇게 입고 다니다간 북방 오랑캐의 첩자로 몰리기 안성맞춤이겠다. 저 옷으로 갈아입어."

"알았어."

"그럼 잘 자."

"저기 호동!"

방을 나가려는 호동을 리사가 불러 세웠다.

"왜?"

"모든 오해는 언젠가는 풀리게 돼 있어. 그러니까 너무 걱정하지 마. 내일 대전에 갈 때 내가 함께 가줄게."

리사의 얼굴을 유심히 보던 호동이 피식 웃었다.

"리사라고 했지? 너도 참 이상한 녀석 같아."

"뭐가?"

"다른 아이들이 나한테 반말을 했으면 당장 불벼락을 내렸을 거야. 그런데 네가 반말을 하면 왠지 친한 친구처럼 편안하게 느껴지거든."

"잘됐네. 그럼 앞으로도 친하게 지내자."

"그러지, 뭐. 그럼 잘 자고 내일 보자."

"그래, 너도 잘 자."

호동이 나가고, 리사는 침상 위에 벌러덩 드러누웠다. 피곤이 몰려드는 것을 느끼며 리사가 하품을 했다. 천장을 올려다보며 입맛을 쩝쩝 다시던 리사가 문득 걱정스럽게 중얼거렸다.

"그나저나 선재의 천장화는 무사히 잘 있으려나……?"

다음 날 아침 일찍 리사는 호동과 함께 대전으로 향했다. 내관들과 시녀들이 분주히 오가는 광장을 가로지르는 호동은 잔뜩 긴장한 얼굴이었다. 리사가 호동의 차가운 손을 살며시 잡아주었다.

"!"

흠칫 돌아보는 호동을 향해 리사가 빙그레 미소 지었다.
"다 잘될 테니까 너무 긴장하지 말라고."
"고마워."
월동문을 지나 안으로 들어간 리사가 우뚝 멈춰 섰다. 눈앞에 지금까지 보았던 것보다 더 웅장한 전각이 나타났기 때문이다. 계단 양옆에는 검을 찬 군사들이 버티고 서 있었고, 그 너머 입구에선 삼족오가 그려진 커다란 깃발이 펄럭이고 있었다.
"저곳이 바로……?"
"맞아. 부왕께서 정사를 돌보는 대전이야."
"으음…… 그렇구나."
리사도 긴장감을 이기지 못하고 마른침을 삼켰다. 호동이 리사의 어깨를 툭 치며 걸음을 옮겼다.
"가자."
"그, 그래!"
호동과 나란히 대전 안으로 들어서는 리사의 눈이 다시 한 번 휘둥그레졌다.
널찍한 대전 오른쪽에는 붉은 관복 차림의 대신들이, 왼쪽에는 갑주 차림의 장수들이 일제히 시립하고 서서 호동과 자신을 뚫어져라 쳐다보았기 때문이다. 리사가 후들거리는 다리를 간신히 움직이며 호동과 함께 높다란 용상에 노한 얼굴로 앉아 있는 대무신왕을 향해 나아갔다. 호동이 부왕을 왜 '큰 전쟁의 신'이라고 부르는지 리사도 알 것 같았다. 짙은 눈썹이 하늘을 향해 뻗쳐 오른 부리부리한 눈에서 사나운 안광을 내뿜는 대무신왕은 한 마리 호랑이처럼 보였다.

"꿀꺽!"

호동과 나란히 용상 아래 서며 리사는 저도 모르게 마른침을 삼켰다. 호동이 대무신왕을 향해 정중히 허리를 숙였다.

"불초 호동이 아바마마께 인사를 올립니다."

"……."

아들의 인사를 받고도 대무신왕은 답례가 없었다. 그저 입을 꾹 다문 채 호동을 지그시 쏘아보기만 했다. 대무신왕의 입에서 당장이라도 불호령이 떨어질 것만 같아 리사는 조마조마했다. 대무신왕이 턱짓으로 리사를 가리키며 낮게 깔리는 소리로 물었다.

"네 옆에 서 있는 계집아이는 누구냐?"

"저의 시녀 리사라고 합니다. 새로운 시녀가 들어왔기에 아바마마께 인사를 시킬 겸 데려왔습니다."

"으음."

대무신왕이 곧 리사에게 관심을 끊고 아들의 얼굴을 뚫어져라 보았다. 대무신왕의 입술을 비집고 간신히 화를 참는 듯한 목소리가 흘러나왔다.

"호동아, 아비는 너로 인해 참으로 걱정이 많구나."

호동이 황급히 머리를 조아렸다.

"모두가 소자가 모자란 탓입니다. 용서하여 주십시오."

"지금 국내성 전체에 네가 반란을 일으킬지도 모른다는 소문이 파다하게 퍼져 있음을 아느냐?"

호동이 고개를 번쩍 쳐들었다.

"억울하옵니다, 아바마마! 소자는 결코 반역을 꾀한 적이 없습니다!"

"모든 사람이 네가 반란을 꾀하고 있다는데, 내 어찌 너의 말을 믿을 수가 있겠느냐?"

"믿어 주십시오! 억울하옵니다, 아바마마!"

호동이 눈물까지 글썽이며 호소했지만 대무신왕의 표정은 풀리지 않았다. 대신들도 곱지 않은 시선으로 호동을 째려볼 뿐 누구 하나 그의 편을 들어주지 않았다.

"가엾게도……!"

호동이 철저한 외톨이란 사실을 깨닫고 리사는 안타까운 듯 중얼거렸다. 리사가 대무신왕을 힐끗 쳐다보았다. 호동을 가장 힘들게 만드는 사람은 다른 누구도 아니고 바로 대무신왕일 것이다. 아들이 그토록 존경하는 아버지가 다른 누구도 아닌 그 아들을 의심하고 있는 현실이 잔인하기만 했다.

'도대체 왜 아들을 못 믿는 거지?'

리사가 용상 위의 왕을 흘겨보고 있을 때, 호동이 털썩 무릎을 꿇었다. 억울함을 견딜 수 없었던 호동이 차가운 돌바닥에 이마를 세차게 찧기 시작했다.

쿵! 쿵! 쿵!

"아바마마께 근심을 드리느니 차라리 이 자리에서 죽겠나이다! 소자 같은 불효자는 살아 있을 필요가 없습니다!"

호동의 이마가 깨져 바닥이 붉게 물들었다. 리사가 정말 죽기로 작정한 듯한 호동에게 달려들었다.

"그만해요, 왕자님! 이러다 정말 큰일나겠어요!"

"저리 비켜!"

"꺄악!"

쿵!

리사를 거칠게 밀치고 호동이 이마를 세게 내리찍는 순간, 핏물이 화악 번졌다. 대무신왕이 드디어 팔을 뻗어 아들을 말렸다.

"그만해라!"

"으흐흑…… 아바마마!"

피와 눈물을 주르륵 흘리는 호동을 내려다보는 왕의 표정이 살짝 풀렸다.

"진정하라. 호동이 네가 반란을 꾀했다고는 과인도 믿지 않는다."

"감사합니다. 감사합니다, 아바마마."

부자지간에 화해 분위기가 무르익어 갈 때, 웬 여자의 날카로운 목소리가 들려왔다.

"호동을 용서하셔서는 안 됩니다, 전하."

"……!"

호동과 리사가 눈을 크게 뜨고 옆을 돌아보았다. 화려한 귀걸이와 목걸이를 주렁주렁 매단 여인이 대신들을 헤치고 나서고 있었다. 성깔이 만만찮아 보이는 여인이 호동이 말했던 대무신왕의 정비임을 리사는 어렵지 않게 알아차렸다. 이마에서 피를 뚝뚝 흘리는 호동을 쏘아보던 정비가 대무신왕을 향해 돌아섰다.

"전하, 호동이 반란을 획책했다는 건 국내성 백성들이 모두 알고 있는 사실입니다. 사사로운 정에 끌려 호동을 용서하신다면 크나큰 후환이 될 것이옵니다."

"으이그……!"

호동을 모함하는 정비가 얄미워 리사는 주먹을 부르르 떨었다. 대무신왕이 정비를 향해 한결 누그러진 어조로 대답했다.

"호동의 이마에서 흐르는 피가 보이지 않소? 저 아이가 결백하지 않다면 저리 하지 못했을 것이오."

"다 전하를 속이기 위한 속임수입니다. 얕은 꾀에 절대로 넘어가시면 안 됩니다."

"그래서 대체 어쩌란 말이오?"

짜증스런 기색을 내비치는 대무신왕을 향해 정비가 쐐기를 박았다.

"호동을 고구려 밖으로 추방하십시오. 신첩은 그래야 안심이 될 것 같습니다."

"으음……."

망설이는 대무신왕을 향해 호동이 눈물을 뿌리며 애원했다.

"아바마마, 부디 소자를 버리지 마옵소서! 소자는 아바마마 곁에 머물고 싶습니다!"

"호동…….."

자신을 보호해주지 않는 아버지 곁을 떠나지 않겠다며 애원하는 호동이 가여워서 리사는 눈물이 흐를 것 같았다. 잠시 후, 대무신왕이 손을 스윽 쳐들며 명을 내렸다.

"호동은 당분간 남쪽 지방을 여행하며 심신을 다스리도록 하라."

"아바마마…….."

"국외로 추방해야 말을 듣겠느냐?"

대무신왕이 눈을 부라리자 호동이 어쩔 수 없이 머리를 조아렸다.

"명을 받들겠나이다."

우투두두두두!

호동과 리사는 말을 타고 끝도 없이 이어진 들판을 질주했다. 때는 초여름. 뜨거운 햇살 아래 푸른 카펫처럼 풀이 자라난 초원에서 말발굽 소리에 놀란 풀벌레들이 어지럽게 날아올랐다. 리사가 호동의 옆으로 힘겹게 따라붙으며 큰소리로 물었다.

"벌써 사흘째 무작정 달리고 있잖아! 대체 어디까지 가려는 거야?"

호동이 절망적인 얼굴로 대꾸했다.

"어디로든 멀리! 그게 부왕께서 원하는 거니까!"

"호동…….."

상처 받은 호동의 옆얼굴을 보며 리사는 할 말을 잃었다. 호동은 정말 세상의 끝까지 달려가려는 사람처럼 보였다. 리사는 무엇보다 엉덩이가 아파서 참기가 힘들었다. 리사가 도저히 참지 못하고 말을 멈추려는 순간, 두 사람의 앞에 커다란 강이 나타났다.

"워어어어-!"

그제야 호동은 말을 멈추었다. 지친 듯 하얀 거품을 문 채 고개를 흔드는 말 위에서 리사가 물었다.

"이게 무슨 강이야?"

"압록강."

"압록강이라면……?"

현실 세계에서 중국과 우리나라의 국경선이 되는 강을 리사가 흥미롭다는 듯 바라보았다. 햇빛을 눈부시게 반사하는 수면을 차고 이름 모를 물새 몇 마리가 날아오르는 게 보였다.

"강을 건너갈 거야?"

"응!"

"이 강을 건너도 고구려의 영토야?"

"맞아. 하지만 조금만 더 내려가면 남쪽 지방의 강국인 낙랑국의 영토가 시작되지."

"낙랑국이란 말이지……?"

리사가 턱을 매만지며 심각하게 중얼거렸다. 이곳으로 떨어지기 전에 읽었던 '호동왕자와 낙랑공주'의 이야기가 떠올랐기 때문이다. 리사의 기억에 의하면 낙랑국에는 호동왕자와 세기의 로맨스를 펼치게 될 낙랑공주가 살고 있다.

'그런데 호동왕자와 낙랑공주가 결국에는 어떻게 되었더라……?'

"끼랏!"

히힝~

고민에 빠져 있는 리사를 남겨두고 호동이 강을 따라 말을 달렸다. 리사도 퍼뜩 정신을 차리고 호동을 쫓아갔다.

"호동, 같이 가야지!"

한참을 달린 끝에 호동과 리사는 작은 포구에 도착했다. 포구에서는 늙은 뱃사공이 막 나룻배를 출발시키려 하고 있었다. 호동이 손을 흔들며 뱃사공을 향해 달려갔다.

"사공! 사공! 우리를 태워 주시오!"

다행히 사공은 배를 돌렸다. 호동과 리사는 말과 함께 배를 타고 강을 건너게 되었다.

"고맙소, 사공."

강을 건넌 호동이 사공에게 후하게 사례했다. 이때 리사의 아랫배에서 천둥 같은 소리가 울려 퍼졌다.

꼬르르륵!

리사가 얼굴을 살짝 붉히며 변명했다.

"점심때가 한참이나 지났는데 아침부터 아무것도 못 먹었잖아. 배가 고픈 게 당연하다고."

"그래, 사냥을 해야 할 것 같다."

호동이 말안장에 묶여 있는 활과 전통을 두드렸다.

"어디서 사냥을 할 건데?"

호동이 말없이 손가락을 들어 초원 저편을 가리켰다. 손그늘을 만들어 앞을 보는 리사의 눈에 저 멀리 지평선에 솟아 있는 거대한 산이 흐릿하게 보였다.

"저 산에 가면 분명 사냥감들이 있을 거야. 빨리 가보자."

"좋았어!"

투두두두두두!

호동과 리사가 다시 산을 향해 말을 달렸다.

4
낙랑국의 사위

"헉…… 헉헉……!"

두 사람은 오후 내내 산을 헤매고 다녔다. 멀리서 볼 때도 거대했던 산은 직접 와보니 훨씬 웅장하고 아름다웠다. 하지만 사냥감을 쉬 발견할 수는 없었다. 리사가 앞장서 산등성이를 오르는 호동의 등을 향해 투덜거렸다.

"산에 오면 사냥감이 득실거릴 거라며? 사냥감은커녕 쥐새끼 한 마리……."

"쉿!"

"!"

호동이 입술에 손가락을 대자 리사가 멈칫했다. 리사가 몸을 낮추며 작은 소리로 물었다.

"왜? 뭐라도 보여?"

"저길 봐."

 호동이 손가락으로 가리키는 아래쪽 계곡에서 사슴 한 마리가 물을 마시고 있었다. 포동포동 살이 오른 게 무척 먹음직스러워 보였다.

"거리가 꽤 먼데 잡을 수 있겠어?"

"내가 이래봬도 알아주는 명사수거든."

 끼이이-

 호동이 활시위를 힘껏 당겼다. 한동안 사슴을 겨냥하고 있던 호동이 시위를 놓았다.

 쉬이이이이익-!

 바람을 가르는 소리와 함께 화살이 쏜살같이 날아갔다.

 퍼억!

 화살이 정확히 목에 꽂힌 사슴이 풀쩍 뛰어올랐다.

"맞았다! 정말 맞았어!"

 신이 나서 펄쩍펄쩍 뛰는 리사를 남겨두고 호동이 사슴을 향해 달려갔다. 리사도 호동을 따라 뛰어 내려갔다. 호동이 사슴의 목에 꽂힌 화살을 뽑아냈다.

"자, 이제 불을 피우자."

"으응!"

 산 전체를 떨쳐 울릴 듯한 포효성이 들려온 것은 바로 그때였다.

 으허어어엉-!

리사가 눈을 부릅뜨고 뒤를 돌아보았다.

"이, 이게 무슨 소리지?"

"호랑이야."

호동이 딱딱하게 굳은 얼굴로 대답했다. 리사의 얼굴도 대번에 사색으로 변했다.

"그, 그럼 빨리 도망쳐야지."

"잠깐!"

말을 향해 돌아서려는 리사를 호동이 손을 뻗어 제지했다.

"왜 그래?"

"호랑이는 우리를 노리는 게 아니야."

"그럼?"

"우리 말고 다른 사냥꾼이 있는 거 같아. 그런데……"

"그런데 뭐?"

순간 날카로운 비명소리가 울려 퍼졌다.

"으아악! 사, 사람 살려!"

"누군가 호랑이에게 공격을 당하고 있어!"

호동이 비명소리가 들려온 방향을 향해 냅다 뛰기 시작했다. 리사도 호동을 따라 달리며 고래고래 소리를 질렀다.

"기다려, 호동! 무작정 달려가서 뭘 어쩌겠다는 거야?"

"헉헉!"

호동은 멈추지 않고 오히려 속도를 높였다.

"아앗!"

계곡을 빠져나간 호동과 리사가 동시에 멈춰 섰다. 바로 앞 공터에서 온몸에 크고 작은 상처를 입은 채 숨을 헐떡이는 중년 남자를 발견했기 때문이다. 남자는 검을 들고 대여섯 걸음 앞쪽에 도사린, 몸집이 집채만 한 호랑이를 겨누고 있었다. 호랑이와 남자 사이에는 이미 시체로 변한 무사 세 명이 널브러져 있었다.

크르르르!

호랑이가 남자마저 끝장내려는 듯 천천히 다가갔다. 호랑이가 막 도약하려는 순간, 호동이 화살을 쏘았다.

쉬이이익- 퍼어억!

크아앙!

옆구리에 화살이 꽂히자 성난 호랑이가 포효하며 호동과 리사를 휙 돌아보았다. 머리끝까지 화가 치민 호랑이가 두 사람을 향해 바람처럼 달려왔다. 리사가 두 손으로 머리를 감싸며 비명을 질렀다.

"꺄아악! 그러게 도망치자고 했잖아!"

호동이 침착하게 활에 화살을 메겼다. 그리고 가차 없이 쏘았다.

퍽! 퍽! 퍼억!

호동이 세 발을 연이어 쏘았고, 화살들은 어김없이 호랑이의 몸에 박혔다. 그래도 호랑이는 쓰러지지 않고 계속 달려왔다. 핏발이 곤두선 호랑이의 눈은 호동에 대한 원한과 분노로 번들거렸다. 이제 호랑이와 호동의 거리는 불과 이, 삼 미터에 불과했다. 호랑이의 커다란 앞발이 당장이라도 호동의 얼굴을 박살낼 것만 같아 리사는 심장이 오그라들었다. 호동이 마지막 남은 화살을 힘차게 당겼다. 그리고 호랑이가 좀 더 다가올 때까지 기다렸다가 그것을 쏘았다.

퍼어어억-!

크허어엉!

화살이 호랑이의 미간에 정확하게 꽂혔다. 펄쩍 뛰어올랐던 호랑이가 굉음을 울리며 호동의 발밑에 처박혔다.

쿠웅!

"훅…… 후욱……!"

호동과 리사는 입도 벙긋 못하고 거친 숨을 몰아쉬었다. 늘 침착하던 호동도 자신이 거대한 호랑이를 쓰러뜨렸다는 사실이 믿기지 않는 눈치였다.

정적을 깨뜨린 사람은 호동 덕분에 목숨을 구한 중년 남자였다. 남자가 부리나케 달려와 호동의 손을 덥석 잡았다.

"고맙네! 정말 고마워! 자네 덕분에 살았네!"

"운이 좋았습니다."

"내 이름은 최리라고 하네. 젊은 은인의 이름은 무엇인가?"

"호동이라고 합니다."

"호동…… 호동이란 말이지?"

눈을 가늘게 뜨고 호동의 얼굴을 살피던 남자가 불쑥 물었다.

"자네 혹시 고구려국의 왕자인 그 호동이 아닌가?"

"저를 아십니까?"

경계심을 드러내는 호동을 향해 남자가 껄껄 웃었다.

"그렇게 경계할 필요 없네. 나는 이곳에서 멀지 않은 낙랑국의 왕일세. 몇 해 전 국내성을 방문했을 때 대무신왕을 뵌 적이 있네. 자네는 정말 부친과 쏙 빼닮았군그래."

"낙랑국의 왕이시라고요?"

호동과 리사가 동시에 눈을 크게 떴다. 호동이 낙랑국의 왕을 향해 정중히 머리를 숙였다.

"고구려국 호동이 낙랑국 국왕께 인사를 올립니다."

"그래, 그래. 자네처럼 용감한 친구를 만나게 되어 나도 기쁘구먼. 자네, 나와 함께 우리 낙랑국으로 가지 않겠나?"

"낙랑국으로요?"

"자네를 내 손님으로 초대하고 싶네."

"글쎄요······."

망설이는 호동의 옆구리를 리사가 쿡 찔렀다.

"어서 가겠다고 말씀드려. 국왕의 손님으로 초대받으면 맛있는 음식도 실컷 먹을 수 있을 거 아냐."

"그, 그럼 그럴까?"

왕이 리사를 보며 고개를 갸웃했다.

"그런데 이 아이는 누군가?"

"저의 시녀이자 친구인 리사라고 합니다."

"제법 총명한 아이 같군. 어쨌건 당장 출발하세."
"알겠습니다, 전하."

 국내성의 왕궁만큼은 아니었지만 낙랑국의 왕궁도 훌륭했다. 창을 들고 경비를 서던 낙랑국의 병사들과 왕궁 안을 바쁘게 돌아다니던 시녀들이 왕을 알아보고 일제히 머리를 조아렸다.
 왕과 호동과 리사가 아름다운 전각 앞에서 말에서 내렸다. 순간 전각 안쪽에서 하늘색 저고리에 자색치마를 입은, 눈부시도록 예쁜 소녀가 달려 나왔다. 소녀가 왕의 품에 와락 안겼다.
"아바마마! 너무 늦으셔서 무슨 사고라도 생긴 줄 알았습니다!"
"오냐, 오냐! 우리 공주가 아비 때문에 걱정을 하였구나."
 왕이 귀여워죽겠다는 듯 소녀의 머리를 쓰다듬었다. 덕분에 호동과 리사는 소녀가 왕의 딸인 공주라는 사실을 어렵지 않게 알아차렸다. 공주를 떨어뜨린 왕이 호동과 리사를 소개했다.
"인사하거라. 이쪽은 고구려국의 호동왕자이고, 이쪽은 시녀인 리사란다. 왕자가 호랑이에게 당할 뻔한 아비의 목숨을 구해주었단다."
"정말요?"
 눈을 동그랗게 뜨고 호동을 쳐다보던 공주가 허리를 깊숙이 숙였다.
"정말 감사드려요, 왕자님. 부왕을 살려주신 은혜는 죽을 때까지 잊지 않겠습니다."
"……."

호동의 입가에 친근한 미소가 떠올랐다. 대무신왕에 대한 효심이 깊은 호동은 마찬가지로 부왕에 대한 효심이 각별한 공주에게 자연스럽게 호감을 느끼게 된 것 같았다. 호동과 공주가 미소를 머금은 채 서로의 얼굴을 마주보았다. 흐뭇한 눈으로 두 사람을 번갈아 보던 왕이 호동과 공주의 어깨에 팔을 두르고 전각으로 향했다.

"자자, 손님들이 시장할 테니 어서 들어가서 연회를 벌이도록 하자꾸나."

낙랑국의 대전 안에서 악사들의 음악에 맞춰 무희들이 너울너울 춤을 추었다. 온갖 산해진미가 차려진 기다란 탁자에 둘러앉아 호동과 리사는 정신없이 먹고 마셨다.

"이 꼬치구이는 정말 맛있어. 닭볶음도 장난이 아니야. 그런데 이건 뭐지? 생선요리인가?"

특히 리사는 양손에 음식을 든 채 맹렬히 먹어치웠다. 맞은편에 나란히 앉은 왕과 공주는 빠르지만 절대 품위를 잃지 않고 우아하게 먹는 호동의 얼굴을 지켜보았다. 부녀의 눈이 호동에 대한 호감으로 빛을 발했다.

술 한 모금으로 입술을 적신 왕이 술잔을 내려놓으며 넌지시 물었다.

"이보게, 왕자."

"네, 전하."

"자네 혹시 정혼을 하였는가?"

"아직 하지 않았습니다."

"호오, 그래? 그거 참 잘되었군."

"무슨 말씀이신지……?"

"단도직입적으로 물어보겠네. 자네가 보기에 내 딸은 어떤가? 자네만 괜찮다면 두 사람을 맺어주고 싶네만."

"케헥!"

왕의 말에 깜짝 놀란 리사가 사레가 들려 기침을 토했다. 호동도 당황하는 기색이 역력했다.

"하, 하오나 전하, 공주님과 저는 오늘 처음 만났습니다."

"그래서 싫다는 건가?"

"그런 뜻이 아니라…….."

얼굴이 홍시처럼 붉어진 공주가 왕의 팔을 잡아당겼다.

"아바마마, 왕자님을 너무 곤란하게 만들지 마세요."

"그러니까 우리 공주도 왕자가 싫지는 않다는 뜻이렷다?"

"아이…… 몰라요!"

"하하!"

황당한 표정의 리사가 웃으며 몸을 배배 꼬는 공주와 얼굴을 살짝 붉힌 호동의 얼굴을 번갈아 쳐다보았다. 번갯불에 콩 볶아 먹는 것도 아니고, 그 사이 두 사람은 서로에게 끌리기 시작한 게 분명했다.

'하긴. 이렇게 잘 어울리는 한 쌍도 드물기는 하지.'

리사도 두 사람의 혼인을 반대하고 싶지 않았다. 그러기엔 둘 다

너무 아름답고, 마음 또한 고운 선남선녀였던 것이다.

"왕자, 다시 한 번 묻겠네. 우리 공주와 혼인하지 않겠나?"

"……."

골똘히 생각하던 호동이 신중하게 대답했다.

"조금만 더 생각할 시간을 주십시오."

"그래, 기꺼이 그러지. 허허헛!"

호동이 공주에게 마음이 있다고 확신한 왕이 기분 좋게 웃었다. 수줍게 호동을 훔쳐보는 공주의 눈이 별처럼 반짝이는 것을 리사는 똑똑히 보았다.

그 후로 호동과 리사는 낙랑국의 왕궁에서 극진한 대접을 받았다. 그런데 열흘이 넘게 지나도록 호동은 공주와의 혼인에 대해 가타부타 말이 없었다. 리사가 참지 못하고 숙소 앞 정원을 산책 중인 호동에게 물었다.

"대체 어쩌려고 그래?"

"뭘?"

"허구한 날 이렇게 대접만 받으며 지낼 순 없잖아. 공주와 혼인할 건지 말 건지, 어서 결정을 내려야 할 거 아니야?"

"……."

호동은 대답 없이 희미하게 미소 지을 뿐이었다. 앞장서 걸어가는 호동의 뒷모습을 보며 리사가 가슴을 두드렸다.

"어이구, 답답해!"

"저어…… 리사 아가씨?"

이때 누군가 다가와 리사를 불렀다. 휙 돌아서는 리사 앞에 웬 어린 시녀가 서 있었다.

"너는 누구니?"

"저는 공주님의 시중을 드는 애랑이라고 합니다."

"그래, 애랑아. 무슨 내게 무슨 볼일이 있니?"

"실은 저희 공주님께서 아가씨를 뵙고 싶어 하십니다."

"공주님이 나를……?"

예쁘게 꾸며진 방안에서 리사는 낙랑공주와 마주앉았다. 공주가 리사 앞으로 김이 모락모락 피어오르는 찻잔을 밀어주며 부드럽게 미소 지었다.

"리사라고 했지?"

"네, 공주님."

"호동왕자님의 시녀라고?"

"네."

"리사는 왕자님과 매우 친한 것 같던데……?"

"하하……! 어려서부터 친구처럼 지냈거든요."

"아, 역시 그렇구나!"

리사는 얼결에 거짓말한 것이 켕겨서 뜨거운 차를 벌컥 마시고 말

았다.

"앗, 뜨뜨거!"

호들갑스럽게 외치는 리사의 손을 공주가 와락 움켜쥐었다.

"리사가 나를 좀 도와주면 안 될까?"

"제, 제가 뭘 어떻게……?"

"어려서부터 친구로 지냈으니 왕자님이 뭘 좋아하시는지 잘 알 거 아냐. 그걸 나한테 좀 알려줘."

"그게, 그러니까……."

리사는 괜히 어려서부터 친구처럼 지냈노라고 둘러댄 것을 후회하며 우물쭈물했다. 하지만 이제 와서 초롱초롱하게 눈을 반짝이는 공주에게 그런 것은 모른다고 고백할 수도 없었다. 리사는 결국 억지로 웃으며 횡설수설하고 말았다.

"와, 왕자님은 피리 연주를 매우 좋아하세요."

"피리 연주라고?"

"네! 왕자님은 어려서부터 악기와 음악에 대한 관심이 유별나셨거든요."

"호오, 그렇단 말이지?"

다음 날 오전에 호동은 공주의 처소로 초대를 받았다. 어린 시녀 애랑을 따라 호동과 리사는 공주의 처소로 향했다. 방안으로 들어서던 리사가 움찔했다.

"으헉!"

방 한복판에 다소곳이 앉아 있는 공주의 손에 쥐어진 피리를 발견했기 때문이다. 공주가 나란히 놓인 두 개의 의자를 가리키며 빙긋 웃었다.

"왕자님, 저 의자에 앉으시겠어요?"

"아, 알겠소."

호동이 어리둥절한 표정으로 의자에 앉았다. 호동의 옆자리에 앉는 리사의 얼굴이 절로 일그러졌다. 공주가 무엇을 하려는지 알 것 같았기 때문이다. 아니나 다를까, 호동이 자리를 잡자마자 공주가 피리를 입으로 가져갔다.

"왕자님을 위한 곡입니다. 부족하더라도 어여삐 들어주세요."

"……?"

삐리링~ 삐리리링~

뜻밖에도 아름다운 선율이 흘러나왔다. 낙랑공주는 눈을 지그시 감은 채 악기를 연주했다. 눈썹이 파르르 떨리는 것으로 보아 그녀가 얼마나 혼신의 힘을 다하고 있는지 짐작할 수 있었다. 리사의 얼굴에 감동의 빛이 스쳤다. 리사가 뿌듯한 눈으로 호동의 얼굴을 돌아보았다. 순간 호동이 스윽 의자에서 일어섰다. 공주를 향해 똑바로 걸어가는 호동을 리사가 의아한 듯 쳐다보았다.

타악!

"아앗!"

호동이 다짜고짜 공주가 불고 있는 피리를 낚아챘다. 리사가 깜짝 놀라 자리를 박차고 일어섰다.

"한창 연주를 잘하고 있는데 무슨 짓이야? 어라, 그런데 이건……?"

리사의 눈이 휘둥그레졌다. 공주의 연주가 멈췄는데도 아름다운 피리 소리는 계속되고 있었던 것이다. 머리를 긁적이며 쑥스럽게 웃던 공주가 혀를 쏙 내밀었다.

"헤헤……! 죄, 죄송해요."

순간 소란을 눈치챘는지 피리 소리도 뚝 멈추었다. 그리고 공주의 어깨 너머 병풍 뒤에서 피리를 든 시녀 하나가 쭈뼛거리며 걸어 나왔다. 공주가 시녀를 가리키며 고백했다.

"실은 저는 피리를 불 줄 모릅니다. 그래서 저 아이한테 대신 불게 한 거예요."

"하하……!"

리사가 기가 막힌 듯 헛웃음을 흘렸다. 호동은 웃지도 않고 무뚝뚝하게 말했다.

"부족한 실력이라도 공주께서 직접 연주하는 피리 소리를 들었더라면 훨씬 감동적이었을 겁니다."

"거듭 사죄드립니다."

"그럼 전 이만!"

호동이 빙글 돌아서자 리사도 황급히 따라가려고 했다. 그런데 공주가 벌떡 일어서더니 또 리사의 팔을 붙잡는 것이 아닌가.

"또 왜요?"

"왕자님이 피리 연주 말고 무얼 좋아하는지 알려줘."

"나도 이젠 몰라요."

"속임수를 쓰는 바람에 왕자님의 화만 돋우고 말았어. 어떻게든 만회하고 싶으니까 제발 도와주라, 응?"

두 손을 모아 쥐고 애원하는 공주의 얼굴을 보며 리사는 피식 웃어버리고 말았다. 공주에겐 사람의 마음을 움직이는 묘한 힘이 있는 것 같았다.

"흐음……."

턱을 매만지며 골똘히 생각하던 리사가 불쑥 말했다.

"옷 같은 걸 지어주면 좋아하지 않을까요?"

"옷?"

"그냥 제 생각이니까 꼭 할 필요는 없어요."

"아니야, 아니야. 매우 좋은 생각인 거 같아."

눈을 반짝이며 고개를 주억이는 공주의 얼굴을 리사가 불안한 듯 쳐다보았다.

'이 철부지 공주님께서 또 무슨 사고를 치려고 이러시나……?'

며칠 후, 오후에 호동과 리사는 다시 부름을 받고 공주의 처소로 향했다.

"으아아…… 이게 웬 난리야?"

호동을 따라 공주의 방안으로 들어서며 리사가 황당한 표정을 지었다. 공주의 방은 그야말로 난장판이었다. 형형색색의 옷감이 어지럽게 널려 있는 방 한복판에 공주가 쪼그리고 앉아 끙끙거리며 바느질 삼매경에 빠져 있었다. 눈 밑에 다크써클이 짙게 드리운 것으로 보아 며칠간 밤을 꼬박 새운 게 분명했다. 공주의 손가락마다 붕대가 감겨 있는 것도 보였다.

하지만 노력에 비해 공주가 만들고 있는 옷의 완성도는 형편이 없었다. 양쪽 소매의 높이가 제각각이었고, 고름은 너무 높이 달려 있었다. 바느질은 얼기설기 어설퍼서 몸을 조금만 크게 움직여도 당장 뜯겨나갈 듯했다.

리사가 저도 모르게 헛웃음을 흘렸다.

"적어도 오늘은 다른 사람에게 바느질을 맡긴 것 같진 않네."

"……."

호동은 가타부타 말이 없이 자신들이 들어온 줄도 모르고 바느질에 여념이 없는 공주를 바라보았다. 이때 공주가 다시 바늘에 손가락을 찔리며 비명을 질렀다.

"아얏!"

제법 깊이 찔렸는지 공주의 엄지손가락에서 핏방울이 뚝뚝 떨어졌다. 리사가 공주를 도우러 다가가려고 했다. 그런데 호동이 조금 빨랐다. 호동이 공주의 손목을 잡고 피가 흐르는 손가락에 붕대를 칭

칭 감아주었다.

"왕자님……!"

"공주는 아무래도 바느질에 소질이 없는 것 같소. 이제 그만하시오."

공주의 눈가에 금방 물기가 고였다.

"왕자님이 입으실 옷을 꼭 지어드리고 싶었는데……."

"으음……."

공주의 얼굴을 물끄러미 바라보던 호동이 스윽 팔을 벌렸다.

"입혀주시오."

"네?"

"나를 위해 지은 옷이라면서요? 그러니 직접 입혀달라는 말입니다."

"아, 알겠어요!"

공주가 냉큼 일어서서 호동에게 옷을 입혀주었다. 하지만 아무리 좋게 봐주려고 해도 참 엉망인 옷이었다. 그 잘생긴 호동이 공주가 지은 옷을 입자 꼭 밭에 세워놓은 허수아비처럼 보였다.

"큭큭! 옷이 아니라 꼭 넝마를 입혀놓은 것 같아!"

리사가 참지 못하고 웃음을 터뜨렸다. 공주의 얼굴이 울상으로 변하는 것을 보고 리사가 손바닥으로 재빨리 입을 틀어막았다. 공주가 우스꽝스런 호동의 모습을 보며 닭똥 같은 눈물을 뚝뚝 흘렸다.

"정말 죄송해요. 아무리 노력해도 저는 제대로 하는 일이 없어요."

"공주, 눈물을 그치시오."

호동이 공주의 손을 양손으로 감쌌다.

"공주만 괜찮다면 나는 공주에게 청혼하고 싶소."

"네에……?!"

공주의 눈이 휘둥그레졌다. 믿을 수 없다는 눈으로 호동을 보던 공주가 떨리는 목소리로 물었다.

"하지만 왜요? 저는 무엇 하나 제대로 한 게 없는데요?"

"공주가 피리를 잘 못 불든, 옷을 잘 못 짓든 아무 상관도 없소. 중요한 것은 상대를 기쁘게 해주려는 그 진실된 마음이 아니겠소?"

"왕자님……."

"이제 말해주시오, 공주. 나의 청혼을 허락해주시겠소?"

"허락할게요! 허락하고말고요!"

공주가 환하게 미소 지으며 고개를 끄덕였다.

5
스스로 울리는 자명고

호동이 낙랑왕을 만나 혼인을 허락받기 위해 대전으로 가고, 공주의 숙소에는 리사만 남았다.

"호동왕자님이 나의 낭군님이 되시다니! 이게 꿈은 아니겠지? 현실이 분명하겠지?"

흥분을 이기지 못하고 방안을 서성이는 공주를 리사가 미소를 머금은 채 바라보았다. 공주는 어떤 순간에도 자신을 감정을 숨기지 못하는 솔직한 사람 같았다. 그리고 리사도 공주의 그런 면이 마음에 들었다.

"리사, 고마워!"

공주가 우뚝 걸음을 멈추더니 리사를 향해 소리쳤다.

"뭐, 뭐가요?"

"따지고 보면 이게 다 네 덕분이잖아. 네가 왕자님께 피리를 불어주고, 옷을 지어주라고 말해준 덕택에 혼인이 성사될 수 있었어."

"하하. 뭐 그 정도를 가지고……"

쑥스럽게 웃는 리사의 손을 공주가 와락 움켜쥐었다.

"맹세할게, 리사!"

"뭐, 뭘요?"

"너는 이제부터 나의 가장 친한 친구야. 세상이 끝나는 그날까지 너와의 우정은 변하지 않을 거야."

"공주님……."

순수하게 빛나는 공주의 눈을 들여다보며 리사는 가슴이 뭉클해졌다. 공주는 절대로 마음에 없는 말을 하는 사람이 아닌 것이다. 리사도 공주의 눈동자를 마주보며 고개를 크게 끄덕였다.

"저도 영원히 변치 않을게요."

호동으로부터 혼인을 하겠다는 말을 들은 낙랑왕은 크게 기뻐했다. 왕은 대전이 떠나갈 듯 웃어젖혔다.

"올 여름이 가기 전에 혼인식을 올려야겠군! 그날은 나라의 경사스러운 날로 낙랑국의 모든 대신들과 귀족들을 초대하여 성대하게 잔치를 벌일 것이다! 이보게, 사위!"

"네, 전하."

"고구려에도 전령을 보내 기쁜 소식을 전해야 하지 않겠나?"

"그, 그래야겠죠."

고구려라는 말에 호동의 안색이 우울하게 변했다. 자신이 낙랑국의 사위가 된다면 정비와 간신배들이 또 무슨 트집을 잡을지 걱정이 되었다.

'차라리 내가 낙랑국에서 영원히 돌아가지 않는 게 그 사람들에게는 더 나은 일일지도…….'

호동은 애써 좋은 쪽으로 생각하기로 했다.

다음 날 바로 낙랑왕의 친서를 품은 전령이 고구려로 떠났다. 왕궁은 호동왕자와 낙랑공주의 결혼 준비로 정신없이 분주해졌다. 그 사이 공주는 처소에 콕 박혀서 코빼기도 비치지 않았고, 어느새 혼인날이 하루 앞으로 다가왔다.

그날 밤 호동과 리사는 방안에 마주앉아 차를 마시고 있었다. 리사가 향이 좋은 차를 홀짝이며 호동의 얼굴을 힐끗 보았다.

"기분이 어때?"

"응?"

"내일이면 낙랑국의 사위가 되잖아. 기분이 어떠냐고."

"…….''

가볍게 던진 농담에 어울리지 않게 심각하게 생각에 잠겨 있던 호동이 나직이 중얼거렸다.

"글쎄…… 내게도 이제 가족이 생기는 걸까?"

"아……!"

순간 리사가 낮은 탄식을 흘렸다. 국내성의 왕궁에서 호동은 단 한 번도 가족의 정을 느껴보지 못한 것이다. 늘 자신을 잡아먹지 못해 안달인 계모와 진심으로 존경하지만 아들을 완전히 믿지 못하는 부왕.

'하긴 가족의 정을 느낀다면 오히려 이상한 거지.'

호동이 안쓰러워 리사가 한숨을 푹 쉬었다. 이때 문이 스르륵 열리며 시녀 애랑이 나타났다.

"어라, 애랑이 네가 또 웬일이니?"

의아한 듯 묻는 리사를 향해 애랑이 대답했다.

"공주님께서 왕자님과 아가씨를 초대하셨습니다."

"우릴 또? 아직도 뭔가 보여줄 게 남았다는 거야?"

"그건 저도 잘……."

호동이 먼저 자리에서 일어섰다.

"앞장서거라. 공주께서도 혼인을 앞두고 마음이 뒤숭숭하신 게지."

"어라?"

월동문을 지나 공주의 처소로 향하던 호동과 리사가 우뚝 걸음을 멈추었다. 처소 앞마당 좌우편으로 수십 개의 햇불이 은은히 타오르고 있었기 때문이다. 밝은 빛을 뿌리는 햇불들 사이에 선녀처럼 화사한 무희복을 입은 공주가 서 있었다. 호동이 공주를 향해 황당한 어조로 입을 열었다.

스스로 울리는 자명고

"공주, 이게 다 무슨 일이오?"

공주가 수줍게 미소 지으며 답했다.

"너그러운 왕자님께서 소녀를 어여삐 여겨 신부로 맞이해 주셨으나, 소녀는 아직 왕자님께 아무것도 보여드린 것이 없습니다. 그래서 지난 며칠간 무희들에게 열심히 춤을 배웠습니다. 이제부터 그 춤을 보여드릴 테니, 왕자님에 대한 소녀의 정성인 줄 알고 부족하다 탓하지 말아주십시오."

"공주."

공주가 사뿐하게 한 걸음 내딛으며 춤이 시작되었다.

음악도 없고, 추임새도 없었다. 따뜻한 밤바람에 횃불만 너울너울 흔들렸다. 공주도 바람을 맞은 갈대처럼 흐느적거리며 춤을 추었다. 공주의 말대로 아직 어설픈 춤이었다. 하지만 이마에 송글송글 맺힌 땀방울로 보아 그녀가 얼마나 노력하고 있는지 충분히 짐작할 수 있었다. 긴 소매를 밤하늘로 내뻗으며 훌쩍 날아오르고, 널찍한 치마를 빙그르르 휘돌리고, 두 발을 교차시키며 경중경중 뛰는 공주의 모습이 한 마리 나비처럼 어여뻤다.

"후우욱……!"

마침내 공주가 춤을 멈추고 호동 앞에 우뚝 멈춰 서서 긴 숨을 토해냈다. 어깨를 들썩이는 공주의 얼굴을 호동이 눈을 크게 뜨고 들여다보았다.

공주가 얼굴을 살짝 붉히며 물었다.

"저…… 저 어땠어요……?"

리사는 당장 박수라도 쳐주고 싶었다. 하지만 그럴 수는 없었다. 공주는 누구보다도 호동의 칭찬을 듣고 싶은 것이다. 리사가 괜히 조마조마해져서 멍하니 굳어 있는 호동의 옆얼굴을 힐끗 보았다.

'호동, 뭐하고 있어? 어서 힘껏 박수를 쳐주라고!'

리사의 말을 알아들은 듯 호동이 두 손을 천천히 들어올렸다. 그러나 그는 박수를 치지는 않았다. 대신 공주를 와락 안아 주었다.

"정말 대단한 춤이었소, 공주. 나는 고구려에서든 어디서든 이보다 아름다운 춤을 본 적이 없소."

"고맙습니다, 왕자님!"

미래를 축복하듯 환하게 타오르는 횃불 가운데서 서로를 안은 호동과 공주를 지켜보며 리사가 감동받은 목소리로 중얼거렸다.

"저 두 사람은 분명 세상에서 가장 행복한 한 쌍이 될 거야."

잠시 후, 낙랑공주는 호동의 손을 잡고 성곽으로 이어진 계단을 올랐다. 공주의 손에 이끌려 어두운 성곽 길을 걸으며 호동이 의아한 듯 물었다.

"공주, 야심한 시각에 왜 성곽으로 올라온 거요?"

공주가 호동을 돌아보며 싱긋 웃었다.

"왕자님께 꼭 보여드리고 싶은 게 있습니다."

"대체 무엇이기에?"

"우리 낙랑국의 가장 소중한 보물입니다."

"이런 곳에 보물이 있단 말이오?"

"따라와 보시면 압니다."

성곽 길을 한참이나 걸어 공주가 큼직한 성루로 향했다. 창을 든 병사들이 성루 앞을 지키고 있었다.

"누구냐?"

창을 겨누는 병사들을 향해 공주가 신분을 밝혔다.

"나야, 나!"

"앗, 공주님이시군요. 늦은 시간에 어쩐 일이십니까?"

"왕자님께 자명고를 보여드리려고."

호동의 얼굴을 살피며 병사들이 난처한 표정을 지었다.

"외부인에겐 절대 자명고를 보여줄 수 없습니다."

"뭐가 어쩌고 어째? 내일이면 나와 혼인을 하실 호동왕자님이 외부인이란 말이냐?"

공주의 눈꼬리가 하늘로 향하자 병사들이 마지못해 물러섰다.

"그, 그럼 잠시만 보고 나오십시오."

"어서 들어오세요."

대체 성루 안에 무엇이 있기에 이리도 삼엄하게 지키나 하고 의아하게 생각하며 호동이 공주와 함께 성루 안으로 들어갔다. 커다란 북을 발견한 호동의 눈이 휘둥그레졌다. 정교하게 만들어진 북에서는 묘하게도 신성한 분위기가 풍겼다.

"이, 이게 웬 북이오?"

"자명고입니다."

"자명고……? 그럼 이 자명고가 낙랑국 최고의 보물이란 거요?"

"그렇습니다."

"흐음……."

고개를 끄덕이면서도 호동은 실망스런 표정을 감추지 못했다. 아무리 잘 만들어진 북이라지만 나라를 대표하는 보물이라고 하기엔 좀 지나친 감이 있었기 때문이다. 호동의 마음을 알아차렸는지 공주가 설명했다.

"자명고는 스스로 울리는 북입니다. 나라에 외적이 쳐들어오거나 큰 환란이 있을 때마다 울려서 미리 경고를 해주죠."

"그게 정말이오?"

"정말이지 않고요."

"그거 참 신기한 북이구려."

감탄하면서도 호동은 완전히 믿는 눈치는 아니었다.

두우웅-!

북이 스스로 울린 것은 바로 그때였다. 그 소리가 어찌나 크고 웅장한지 호동은 정신이 번쩍 들었다.

"저, 정말 북이 스스로 울리는군! 그런데 큰일이 있을 때 북이 울린다고 하지 않았소?"

"그러게나 말입니다. 아무래도 도성에 무슨 문제가 생긴 것 같습니다."

호동과 공주가 대화를 나누는 사이에도 북은 점점 더 큰소리로 연달아 울렸다.

둥- 둥- 둥- 둥-!

호동과 공주가 서둘러 밖으로 나왔다. 성곽에서 내려다보니 민가 사이에서 횃불이 어지럽게 일렁이는 게 보였다. 호동이 성루를 지키고 있는 병사들에게 물었다.

"무슨 변고라도 생겼는가?"

병사들이 긴장된 얼굴로 대답했다.

"산적 떼가 침입한 모양입니다!"

"다행히 자명고가 울려 대장군이 도적들을 토벌하러 가셨습니다!"

호동이 질린 눈으로 공주를 돌아보았다.

"오오…… 자명고가 정말 외적의 침입을 미리 알려주는군요!"

"제가 뭐라고 그랬습니까?"

공주의 입가에 뿌듯한 미소가 걸렸다.

혼인날은 왕자와 공주를 축복하듯 날씨가 화창했다. 눈부신 햇살 아래서 혼례식이 성대하게 거행되었다. 수십 명의 악대가 연주하는 아름다운 선율에 맞춰 무희들이 긴 소매 자락을 흔들며 너울너울 춤을 추었다. 낙랑국의 모든 대신들과 귀족들이 예복을 차려 입고 모여 신 나게 먹고 마셨다. 리사도 그들 사이에 끼어 마음껏 즐겼다.

아름답게 차려 입은 호동왕자와 낙랑공주가 나란히 들어서자 혼례식장에 모인 사람들이 일제히 환호성을 질렀다.

"와아아아-!"

"호동왕자 만세!"

"낙랑공주 만세!"

무희들이 나비 떼처럼 춤추며 왕과 왕비를 향해 걸어가는 호동과 공주를 따랐다. 호동과 공주가 마침내 왕과 왕비 앞에 우뚝 멈춰 섰다. 동시에 음악이 그치고, 무희들이 썰물처럼 빠져나갔다.

"……."

주위의 분위기가 숙연해지자 낙랑왕이 스윽 자리에서 일어섰다. 귀족들과 대신들도 일제히 왕을 우러러보았다. 애정 어린 눈으로 호동과 공주를 굽어보던 왕이 먼저 호동에게 물었다.

"호동왕자."

"네, 전하."

"그대는 낙랑공주를 평생 보호하고 사랑하겠는가?"

"그리할 것이옵니다."

왕의 시선이 이번엔 공주에게로 옮겨졌다.

"공주."

"네, 전하."

"너는 호동왕자를 평생 존경하고 따르겠느냐?"

"그리할 것이옵니다."

낙랑왕이 눈부시게 떠오르는 태양을 향해 두 팔을 번쩍 쳐들며 선언했다.

"천지신명께 고하노니, 이제 호동왕자와 낙랑공주는 부부의 연을 맺게 되었나이다!"

뿌우우우우우우우우우우-!

뿔고둥 소리가 길게 울려 퍼지는 가운데 광장을 가득 메운 귀족들과 신하들이 일제히 팔을 쳐들고 만세를 불렀다.

"와아아아!"

"호동왕자와 낙랑공주 만세!"

혼례가 끝나고 며칠 동안 호동과 공주는 꿈같은 시간을 보냈다. 새 신랑과 신부는 원앙처럼 다정하여 신방에서는 늘 해맑은 웃음소리가 흘러나왔다. 두 사람을 지켜보며 리사는 한편으론 대견하고, 한편으론 부럽기도 했다.

며칠 후, 고구려로 떠났던 전령이 돌아왔다. 전령이 가지고 온 편지에는 아들의 혼인을 축하한다는 대무신왕의 짧은 인사뿐이었다. 그런데 편지의 말미에 곧 신부를 데리고 국내성으로 들어와 정식으로 혼인을 올리라는 명령이 실려 있었다.

"후우우…… 고구려로 돌아오란 말이지?"

편지를 읽은 호동의 표정이 어두워졌다. 호동과 마주앉아 있던 리사가 고개를 갸웃했다.

"이미 혼인을 했는데, 왜 다시 혼인식을 하라는 거야?"

"우리 고구려의 법도가 그래. 고구려 남자는 처가에서 먼저 혼례를 올리고, 본가로 돌아와 다시 한 번 식을 올려야 하지."

"흐음. 그럼 그럴 수도 있겠구나. 그런데 표정이 왜 그리 안 좋아?"

"으음······."

호동은 신음으로 대답을 대신했다. 리사도 호동의 복잡한 마음을 짐작할 수 있었다. 호동은 비방과 음모가 판치는 국내성으로 공주를 데려가고 싶지 않은 것이리라.

호동은 결국 자신이 먼저 국내성으로 가서 정황을 살핀 후, 낙랑공주를 데리러 오기로 결심했다.

여름이 끝나고 선선한 바람이 불기 시작할 무렵, 호동은 리사만 데리고 고구려로 떠나게 되었다.

"흐흑······ 왕자님. 저도 데려가시면 안 돼요?"

성문 앞에서 공주는 호동의 손을 놓지 못하고 눈물을 뚝뚝 흘렸다. 호동이 사랑스런 아내의 얼굴을 양손으로 감싸며 달랬다.

"울지 마오, 공주. 그대가 울면 내 심장이 갈가리 찢어지는 것 같다오."

"그러니 소녀를 데려가주세요."

"일단 내가 먼저 부왕께 인사를 드린 후 공주를 데리러 오겠소. 그러니 조금만 기다려주시오."

"소녀는 왕자님과 잠시도 헤어지기 싫습니다."

"허어……!"

난감한 표정을 짓는 호동을 대신해서 리사가 공주를 설득했다.

"왕자님은 제가 잘 모시고 다녀올 테니 너무 서러워 말고 잠시만 기다려줘요. 왕자님도 다 사정이 있어서 혼자 가시려는 거라고요."

"정말?"

"정말이지 않고요."

"리사가 그렇게 말한다면 참아볼게."

리사의 말에 공주가 신기하게도 울음을 그쳤다. 하지만 서러운 표정까지 완전히 지우지는 못했다. 호동이 마지막으로 공주를 으스러져라 끌어안았다.

"약속하리다, 공주. 겨울이 되기 전에 반드시 공주를 데리러 오겠소."

"꼭이에요, 꼭! 소녀는 이제 왕자님 없이는 한시도 살아갈 수가 없답니다."

안타깝게 이별하는 호동과 공주를 지켜보며 리사도 괜스레 코끝이 찡해졌다.

사흘을 내리 달려 호동과 리사는 국내성에 도착했다. 성문 안으로 들어서는 호동을 병사들이 적의 어린 눈으로 쏘아보았다. 불안해진 리사가 말에서 내리는 호동에게 속삭였다.

"병사들이 왜 호동에게 인사도 하지 않고 째려보기만 하지."

"글쎄. 나도 잘 모르겠어."

"왠지 불안해. 괜히 돌아온 게 아닐까?"

"너무 걱정하지 마. 부왕께서 설마 나를 해치기야 하시겠어?"

호동이 리사를 위로했다. 그러나 리사의 걱정은 곧 현실로 나타났다. 거인처럼 커다란 덩치에 험악하게 생긴 장군과 긴 창을 든 날렵한 몸집의 장군이 병사들을 데리고 달려와 호동과 리사를 에워쌌기 때문이다.

"호, 호동! 어떡하면 좋아?"

겁에 질린 리사를 뒤쪽으로 밀쳐놓고 호동이 거인과 창을 든 장군을 향해 따졌다.

"괴유 장군! 마로 장군! 이게 무슨 무례한 짓이오?"

괴유 장군이 바위만 한 주먹을 들어 올리며 호동을 향해 으르렁거렸다.

"반역자 호동을 옥에 가두라는 대무신왕의 명이시오!"

"반역이라니? 내가 언제 반역을 일으켰다는 말인가?"

흥분하는 호동을 향해 이번엔 창을 든 사내, 마로 장군이 설명했다.

"저희도 잘 모릅니다. 다만 얼마 전부터 호동왕자님이 낙랑국 병사들을 거느리고 고구려를 침략할 것이라는 소문이 파다하게 퍼졌습니다."

"으음. 정비마마와 간신배들이 또 헛소문을 퍼뜨린 모양이군."

억울한 표정의 호동이 앞으로 나섰다.

"부왕을 직접 뵙고 오해를 풀어드려야겠소."

"안 됩니다!"

두 장군이 호동의 앞을 가로막았다. 괴유 장군은 당장이라도 호동을 내리칠 듯 주먹을 휘둘렀다.

"순순히 포박을 받으시오!"

"이, 이런……!"

"역시 괜히 돌아왔다니까."

당황하는 호동 옆에서 리사가 울상을 지었다.

호동과 리사는 어두컴컴한 감옥에 갇히게 되었다. 사방에서 지독한 악취가 풍기자 리사는 코를 막고 눈살을 찌푸렸다.

"역시 내 말이 맞았어. 국내성으로 돌아온 것 자체가 잘못이야. 차라리 탈출해서 낙랑국으로 돌아가자, 응?"

하지만 호동은 고집스럽게 고개를 흔들었다.

"만약 탈출한다면 나는 정말 반역자가 되고 말 거야."

"그럼 이대로 순순히 죽음을 기다리자는 말이야?"

"부왕께서 나를 해치지는 않으실 거야."

"정신 차려! 인정하고 싶지 않겠지만 네 아버지는 너보다 정비를 더 믿고 있다고!"

"으음……!"

감옥 밖에서 기분 나쁜 목소리가 들려온 것은 그때였다.

"호동 이놈, 반성은 하지 않고 탈출할 생각부터 하는 것이냐?"

"……!"

호동과 리사가 눈을 크게 뜨고 나무 창살 밖을 내다보았다. 그곳에 언제 왔는지 대무신왕이 버티고 서 있었다. 무서운 눈초리로 자신을 바라보는 대무신왕을 멍하니 보던 호동이 재빨리 무릎을 꿇었다.

"호동이 아바마마를 뵈옵니다."

"……."

"아바마마."

"호동아, 너는 어찌 아비를 상대로 반역을 꾀했느냐?"

"소자는 반역을 꾀한 적이 없습니다! 억울하옵니다, 아바마마!"

"너는 아비의 허락도 받지 않고 적국인 낙랑국의 사위가 되었다. 네가 낙랑의 병사들을 이끌고 국내성으로 쳐들어올 생각이 아니었다면 어찌 그럴 수 있었겠느냐?"

"낙랑국의 사위가 된 것은 호랑이에게 당할 뻔한 낙랑왕을 우연히 구하게 되었고, 그로 인해 인연이 생겼기 때문입니다. 결코 반역을 일으키기 위해서가 아닙니다."

"으음……!"

"소자를 믿어주십시오, 아바마마!"

쿵! 쿵쿵!

호동이 감옥 바닥에 세차게 이마를 짓찧었다. 그런 호동을 차갑게 쏘아보던 대무신왕이 낮게 깔리는 소리로 내뱉었다.

"좋다, 너를 믿어보마."

"가, 감사합니다."

호동이 반색하며 고개를 번쩍 쳐들었다. 대무신왕이 목소리를 더욱 낮추었다.

"대신 너도 반역을 꾀하지 않았다는 증거를 보여다오."

"증거라면 어떤……?"

"……."

잠시 뜸을 들이던 대무신왕이 눈을 번쩍 빛냈다.

"낙랑국에 자명고라는 신묘한 북이 있다는 사실을 혹시 아느냐?"

"아, 알고는 있습니다만."

"네 아내인 낙랑공주를 시켜 그 자명고를 파괴해라. 그럼 너를 믿어줄 뿐만 아니라, 너와 낙랑공주의 혼인을 정식으로 허락해주마."

두웅!

너무 큰 충격 때문에 호동이 찢어져라 눈을 부릅떴다. 아무 대답도 못하는 호동을 대신해서 리사가 빽 소리쳤다.

"그게 무슨 말도 안 되는 말씀이세요? 호동과 공주님은 진심으로 서로를 사랑하는데 어떻게 자기 나라를 배신하라고 시킬 수가……!"

"닥쳐라!"

"윽!"

대무신왕의 사나운 눈빛이 꽂히자 리사가 어깨를 움츠렸다. 대무신왕의 성난 시선이 다시 호동에게로 향했다.

"어쩔 테냐, 호동? 낙랑국을 멸하고 공을 세울 테냐, 아니면 반역자로 죽을 테냐?"

"아바마마……!"

절망적인 눈으로 대무신왕을 올려다보던 호동이 힘없이 고개를 떨어뜨렸다.

"공주에게 그런 지독한 짓을 시키느니 차라리 소자가 죽겠습니다."

"못난 놈……!"

실망스런 눈으로 호동을 쏘아보던 왕이 찬바람을 일으키며 돌아섰다. 부왕이 사라지자마자 호동이 참았던 눈물을 터뜨렸다.

"으흐흑! 아바마마 너무하십니다!"

리사가 호동의 등을 쓸어주며 위로했다.

"호동의 잘못이 아니야. 빨리 왕궁을 탈출할 방법부터 찾아보자."

"흐흐흑……!"

호동은 한참동안 울음을 그치지 못했다.

"아이고~ 배야! 창자가 꼬인 것 같다!"

그날 밤늦게 감옥 안쪽에서 비명이 들려왔다.

"무슨 일이냐?"

놀란 간수가 감옥 안으로 뛰어 들어왔다. 간수의 눈에 배를 움켜잡은 채 데굴데굴 구르는 리사의 모습이 들어왔다.

"왜 그러느냐? 어디가 아프……"

리사를 향해 다가가던 간수가 움찔했다. 그제야 호동의 모습이 보이지 않는다는 사실을 깨달은 것이다.

퍼어억!

"크흑!"

뒷목에 호동의 수도가 내리꽂힌 간수가 움찔하더니만 그대로 앞으로 고꾸라졌다. 간수가 바닥에 세차게 처박히자 호동은 재빨리 리사에게 손짓했다.

"리사, 빨리 일어나! 도망치자!"

"아, 알았어!"

호동이 리사의 손을 잡고 감옥 밖으로 도망쳤다.

감옥을 빠져나온 두 사람은 어두운 뒷마당을 가로질러 살금살금 마구간으로 향했다. 마구간에는 다행히 두 사람이 낙랑국에서 타고 왔던 말들이 묶여 있었다.

"워어~ 착하지?"

호동과 리사가 말의 목을 쓰다듬으며 조심스럽게 올라탔다. 말에 오르자마자 호동과 리사가 박차를 가했다.

"끼럇! 끼럇!"

투두두두두두-!

호동과 리사가 말을 몰고 성문을 향해 달려갔다. 하지만 두 사람은 얼마 가지 못하고 말에서 굴러 떨어지고 말았다. 누군가 쳐놓은 새끼줄에 다리가 걸리면서 말이 앞으로 고꾸라졌기 때문이다.

"으악!"

"꺄아악!"

우당탕탕!

머리를 감싸 쥐고 간신히 일어나 앉는 두 사람을 횃불을 밝혀든 괴유와 마로 그리고 많은 병사들이 포위했다. 병사들을 헤치고 분노한 대무신왕이 나타났다. 왕이 호동을 가리키며 호통쳤다.

"호동 이놈! 네놈이 끝내 아비와 고국을 배신하려고 했더냐!"

"소자는 다만 낙랑국으로 돌아가려고 했을 뿐입니다."

"그런 다음 낙랑국 병사들을 끌고 오려고 했겠지!"

"아닙니다!"

"닥치지 못할까?"

차앙!

분을 참지 못한 대무신왕이 허리에 차고 있던 검을 뽑았다. 왕이 호동이 아니라 리사의 얼굴을 겨누며 으르렁거렸다.

"지금 당장 낙랑공주를 시켜 자명고를 찢겠다고 말해라. 그러지 않으면 네가 아끼는 이 시녀아이부터 베겠다."

"아바마마, 저는 할 수 없습니다!"

"그럼 이 아이가 죽어도 상관없느냐?"

"아바마마!"

"오냐! 소원이라면 죽여주마!"

대무신왕이 검을 화악 쳐들자 리사가 째져라 비명을 질렀다.

"꺄아아악!"

대무신왕의 칼이 리사의 머리를 내리치기 직전, 호동이 양팔을 벌리며 막아섰다.

"하겠습니다!"

"호동!"

"아바마마께서 시키는 대로 할 테니, 리사를 살려주십시오."

"오냐, 잘 생각했다."

"아⋯⋯!"

리사가 절망으로 일그러진 호동의 얼굴과 흡족한 듯 웃는 대무신왕의 얼굴을 번갈아 쳐다보며 신음을 흘렸다.

6
잔인한 선택

새벽이 되어서야 호동과 리사는 처소로 돌아올 수 있었다. 호동의 창백한 얼굴을 마주보며 리사가 물었다.

"아니지? 정말로 배신하지는 않을 거지, 호동?"

"……."

호동의 입가에 자조 섞인 미소가 떠올랐다.

"시키는 대로 하겠다고 하지 않았다면 너는 물론 나도 목숨을 잃었을 거야. 부왕은 네가 생각하는 것보다 훨씬 무서운 분이야."

"그렇다고 공주님을 배신할 수는 없잖아!"

"공주가 자명고를 찢고, 낙랑국이 항복하면 낙랑왕을 비롯한 왕족의 안전은 책임지겠다고 약속하셨어."

"그래도 낙랑국이 망하는 건 엄연한 사실이야."

"원래 소국은 강국에게 먹히는 게 세상의 이치야."

부러 차갑게 말하는 호동을 리사가 안타깝게 쳐다보았다.

"그만 자도록 하자. 날이 밝자마자 낙랑국으로 떠날 거야."

"알았어. 그럼 나도 일찍 일어날게."

"너는 여기 남아 있어야 해."

"뭐, 뭐라고……?"

"부왕은 치밀하신 분이야. 너와 나를 함께 보낼 분이 아니셔."

"어떻게 그럴 수가……?"

호동이 리사의 얼굴을 들여다보며 당부했다.

"내가 돌아올 때까지 아무 짓도 하지 말고 얌전히 있도록 해. 엉뚱한 짓을 벌였다간 목숨이 위태로워질 수도 있어."

"……!"

날이 밝자마자 호동은 대무신왕의 오른팔인 마로 장군과 함께 낙랑국으로 떠났다. 리사가 걱정스런 얼굴로 배웅했지만 호동은 돌아보지도 않았다. 성문 밖으로 멀어지는 호동의 뒷모습이 꼭 지옥을 향해 걸어 들어가는 사람처럼 보여서 리사는 마음이 아팠다.

터억!

"윽!"

괴유 장군의 솥뚜껑만 한 손이 리사의 머리를 덮은 것은 그때였다. 리사가 까마득히 높이 있는 장군의 얼굴을 올려다보며 눈을 흘겼다.

"이 손 못 치워요?"

"빨리 들어가자, 꼬맹아. 이 괴유님이 감시하고 있는 이상 허튼 짓은 하지 않는 게 좋을 거다."

"도망치지 않을 테니까 걱정하지 말아요."

리사가 괴유의 손을 뿌리치고 돌아섰다. 하지만 말과는 달리 어떻게든 달아날 궁리뿐이었다.

사흘을 내처 달린 호동은 낙랑국에 도착했다. 성문을 통과하는 왕의 사위를 낙랑국 병사들과 백성들이 반갑게 맞이했다.

"어서 오십시오, 호동왕자님!"

국내성의 왕궁과는 달리 자신을 진심으로 환영하는 병사들과 백성들을 지켜보며 호동은 마음이 아팠다.

'아…… 나를 저렇게 좋아해주는 사람들을 배신해야만 하다니! 이 저주받은 운명을 어찌하면 좋을꼬?'

왕자의 안색을 살피던 마로 장군이 협박조로 속삭였다.

"괜히 다른 마음을 품지 마십시오, 왕자님. 낙랑국만 멸망시키면 전하께서도 왕자님을 대하는 태도가 달라지실 겁니다."

"……나는 이미 그런 것을 기대하지 않소."

호동과 마루가 왕궁에 도착하자 낙랑공주가 한달음에 달려 나왔다. 호동은 눈앞이 캄캄해지는 기분이었다.

"돌아오셨군요, 왕자님!"

공주가 호동의 품에 와락 안겼다. 호동은 아무 말도 못하고 반가움에 눈물을 글썽이는 공주의 등을 토닥였다. 공주가 왕자를 올려다보며 고개를 갸웃했다.

"그런데 리사는요? 왜 리사가 보이지 않죠?"

살짝 당황한 호동이 헛기침을 한 후 답했다.

"갑자기 감기에 걸렸지 뭐요. 열이 펄펄 끓어 함께 오지 못했소."

"그래요……."

공주가 섭섭한 표정을 감추지 못했다.

"곧 국내성으로 가 부왕의 앞에서 혼인식을 올리게 될 거요. 그때 리사도 만나면 되지 않겠소?"

"그러면 되겠군요!"

공주의 표정이 다시 환해지며 옆에 서 있는 마로를 힐끗 보았다.

"그런데 이분은 누구시죠?"

"아, 고구려에서 가장 용맹한 마로 장군이오. 이번에 공주를 국내성까지 호위하는 임무를 맡게 되었다오."

"그래요? 잘 부탁드립니다, 마로 장군님."

"저야말로 잘 부탁드립니다, 공주님."

"자, 그럼 대전으로 가서 전하께 인사를 올리도록 합시다."

아무것도 모른 채 기뻐하는 공주의 모습을 더 이상 지켜보기 힘들어서 호동이 서둘러 대전 쪽으로 걸음을 옮겼다.

"대무신왕께서 말씀하시길, 이번 혼사를 계기로 고구려국과 낙랑국이 영원히 우호관계를 맺을 수 있으면 좋겠다고 하셨습니다."

호동과 나란히 선 마로 장군이 용상에 앉은 낙랑왕에게 고했다. 강국 고구려와 사돈이 되었다는 생각에 낙랑왕은 크게 기뻐했다.

"대무신왕께서 그리 말씀하셨단 말이지? 고마운지고! 참으로 고마운지고!"

낙랑왕이 대신들을 둘러보며 근엄한 목소리로 말했다.

"대신들은 들으라!"

"네, 전하!"

"공주가 고구려국으로 떠날 때 보낼 예물에 각별히 신경을 쓰도록 하라! 낙랑국의 체면이 걸린 일임을 잊어서는 안 될 것이야!"

"명심하겠나이다, 전하!"

"하하하! 내가 사위 하나는 제대로 고르지 않았느냔 말이다!"

웃음을 그치지 않는 낙랑왕을 호동이 멍하니 쳐다보았다. 그토록 어여삐 여기는 사위가 이 나라를 망하게 할 것을 안다면 왕이 어떤 표정을 지을지 호동은 궁금했다.

'용서하십시오, 전하. 이 호동은 전하와의 의리를 지킬 수 없을 것 같습니다.'

"얘들아, 이 전 지금 뒤집어야 하는 거 아니니?"

"으아아! 이 국은 또 왜 이리 짜? 소금을 너무 넣었나봐."

"나물무침은 어때? 제대로 무친 거 맞아?"

낙랑공주는 부엌을 발칵 뒤집어놓고 있었다. 호동이 대전으로 간 사이 부엌에 들이닥친 그녀는 직접 왕자가 먹을 식사를 준비하겠다며 난리법석을 피웠다. 하지만 시녀들 중 누구도 싫은 내색을 하지 않았다. 왕자를 향한 공주의 지극한 마음을 알고 있기 때문이다.

이때 어린 시녀 애랑이 부엌 안으로 헐레벌떡 들어왔다.

"공주님! 공주님! 왕자님께서 오셨습니다!"

"오, 그래. 그럼 어서 상을 내가자꾸나."

"이걸 다 손수 준비했단 말이오……?"

상다리가 휘어질 듯한 진수성찬을 받은 호동이 황당한 표정을 지었다. 공주가 수줍게 얼굴을 붉혔다.

"시녀아이들의 도움을 받긴 했지만 제가 만든 것은 분명합니다."

호동이 공주의 손을 잡았다.

"다음부턴 이러지 마시오. 이 고운 손이 상할까 두렵소."

"왕자님을 위해서라면 손쯤이야 얼마든 상해도 괜찮습니다."

"공주……."

"시장할 텐데 어서 드세요. 우선 이 나물무침부터 드셔 보십시오."

"그럴까요?"

호동이 빙그레 웃으며 나물무침 한 젓가락을 입으로 가져갔다.

"……!"

호동의 얼굴이 절로 일그러졌다. 나물이 짜도 너무 짰던 것이다.

"왜요? 맛이 없습니까?"

"아, 아니오. 간이 딱 맞소."

억지로 나물을 삼키는 호동 앞으로 공주가 고깃국을 내밀었다.

"이 고깃국도 드셔보세요. 싱싱한 쇠고기를 넣어 끓였답니다."

"그, 그래요?"

후루룩~

"!"

국을 한 숟갈 떠 먹은 호동의 표정이 다시 일그러졌다. 이번엔 맹물처럼 심심했던 것이다.

"맛이 어떻습니까?"

"아주 맛있구려. 정말 기가 막히게 맛있는 국이오."

"정말이오?"

뛸 듯이 기뻐하는 공주를 보며 호동이 빙그레 미소 지었다. 하지만 그의 눈가에는 당장이라도 물기가 맺힐 것 같았다. 호동이 마음을 독하게 먹고 힘겹게 입을 열었다.

"공주, 실은 할 말이 있소."

"뭔데 그리 심각한 표정을 지으세요?"

"공주에게 어려운 부탁을 하려고 하오."

"편하게 말씀하세요. 왕자님이 원한다면 이 나라 전체라도 드릴 수 있습니다."

"……실은 그것이 나의 부탁이오."

"그게 무슨……?"

"이 나라를 나에게 주시오."

두웅!

호동이 농담을 하는 게 아니란 걸 깨닫고 공주가 눈을 크게 떴다.

리사는 밤이 오기만을 학수고대했다. 어두워지면 감시를 뚫고 탈출할 수 있을 거라고 믿었기 때문이다. 하지만 정작 밤이 되었을 때, 리사는 자신이 헛된 기대를 품었음을 인정할 수밖에 없었다. 괴유 장군이 처소 입구에 떡하니 버티고 앉아 있었기 때문이다.

"어떡하지…… 어떡하면 좋지……?"

탈출할 방법을 찾느라고 부지런히 머리를 굴리던 리사의 눈에 장군의 딸기코가 들어왔다. 아마도 술을 몹시 좋아하는 사람 같았다. 리사가 한쪽에 치워두었던 봇짐을 찾았다. 낙랑국에서 받아온 예물이 들어 있는 봇짐 속에는 분명 술병도 세 개나 들어 있었던 것이다. 리사는 술병을 챙겨주며 당부하던 낙랑공주의 얼굴을 떠올렸다.

"이 머루주는 둘이 마시다 셋이 죽어도 모를 정도로 맛이 좋아. 하지만 은근히 독하니까 천하장사라도 한 병 이상 마시면 기절할 수 있으니 조심해야 해."

"호호……!"

리사가 술병을 찰랑찰랑 흔들며 의미심장하게 웃었다.

"저기…… 장군님?"

"응?"

리사가 다정하게 부르자 꾸벅꾸벅 졸던 괴유가 흠칫 돌아보았다.

"왜 그러느냐?"

무뚝뚝하게 묻는 괴유의 눈앞으로 리사가 술병을 내밀었다.

"심심하지 않으세요? 낙랑국의 특산품인 이 머루주 한잔 하실래요?"

"머루주라고……?"

괴유가 구미가 당기는 듯 꿀꺽 침을 삼켰다. 잠시 망설이던 장군은 고개를 휙휙 가로저었다.

"싫다! 전하께서 너를 단단히 지키라고 명하셨거든!"

"에이, 이깟 머루주 한 병에 장군님이 어찌 되시겠어요? 장군님이 깨어 계시는데 제가 어떻게 도망칠 수 있겠어요?"

"흐음……."

괴유가 여전히 망설이며 신음을 흘렸다.

뽕!

리사가 술병의 마개를 뽑았다. 달콤한 향이 퍼지자 괴유가 코를 벌름거렸다. 그가 더 이상 참지 못하고 술병을 낚아챘다.

"좋아! 딱 한 병만 마시자!"

벌컥벌컥!

장군이 고개를 젖히고는 마치 물이라도 마시는 것처럼 술 한 병을 깨끗이 비워버렸다.

"크으으……! 술맛이 좋긴 좋구나."

손등으로 입가를 훔치는 괴유에게 리사가 재빨리 새로운 병을 내밀며 애교를 떨었다.

"어쩜! 술을 마시는 모습도 멋있으실까? 그런데 그걸로 간에 기별이나 가겠어요? 이거 한 병 더 드세요."

"좋지, 좋아!"

괴유가 이번엔 망설이지도 않고 술병을 받았다. 두 번째 병도 순식간에 비워버렸고, 곧 세 번째 병도 바닥을 드러냈다.

"크ㅎㅎㅎ!"

독한 술 세 병을 게 눈 감추듯 비우고 아무렇지도 않게 웃는 괴유를 향해 리사가 물었다.

"괜찮으세요? 취하지 않으세요?"

"이렇게 약한 술을 마시고 내가 취할 줄 알았더냐? 이건 술이 아니라 물이구나, 물!"

"으이그……!"

화가 치민 리사가 입술을 질끈 깨물었다. 거인을 쓰러뜨리기엔 술의 양이 한참 부족했던 것이다.

'후우우…… 결국 탈출은 포기해야 하는 건가?'

쿵!

리사가 힘없이 돌아설 때, 등 뒤에서 벼락같은 굉음이 울렸다. 깜짝 놀라 돌아서는 리사의 눈에 방바닥에 이마를 처박고 쓰러진 괴유의 모습이 들어왔다.

"드르렁~ 푸우우~"

한동안 멍하니 잠든 괴유를 내려다보던 리사가 그의 몸을 훌쩍 타넘고는 방을 빠져나갔다.

"끼럇! 끼럇!"

우투두두두두!

기적적으로 궁을 빠져나온 리사는 말을 몰고 낙랑국을 향해 질주했다. 자꾸 불안한 생각이 엄습했다. 왠지 호동과 공주에게 무서운 일이 생길 것만 같았던 것이다.

"호동, 공주님…… 내가 갈 때까지 제발 아무 사고 없이 기다려줘."

두두두두두두두두-!

지축을 뒤흔드는 말발굽 소리가 들려온 것은 그때였다.

"워, 워어……!"

산등성이를 오르던 리사가 말을 멈추고 아래쪽 들판을 내려다보았다. 남쪽을 향해 진군하는 수만의 고구려 기마대가 시야를 가득 메웠다. 하늘까지 닿을 듯한 흙먼지를 일으키며 진군하는 기마부대를 선두에서 이끌고 있는 사람은 바로 대무신왕이었다. 금빛 투구를 눌러쓰고, 붉은 망토를 휘날리는 왕은 냉혹한 정복자처럼 보였다.

"아아…… 대무신왕은 기어이 낙랑국을 멸망시킬 작정이구나!"

리사는 저도 모르게 부르르 진저리를 쳤다.

"흑…… 흑흑……!"

아침이 뿌옇게 밝아오는 창문 너머를 올려다보며 낙랑공주는 하염없이 눈물만 흘렸다. 지난밤을 공주는 한숨도 자지 못하고 눈물로 지새웠다. 사실 지난밤뿐이 아니었다. 호동이 돌아오고 사흘 밤낮 동안 그녀는 식음을 전폐하고 꼼짝도 하지 않았다.

"자명고를 찢어주시오, 공주! 나를 위해 그리 해주시오!"

그녀가 사랑하는 왕자님은 분명 그렇게 말했다. 이 나라를 지켜주는 최후의 보루인 자명고를 없애달라고 부탁했다. 자명고가 찢어지고 나면 어찌될 것인가. 분명 고구려 군사들이 들이닥칠 것이다. 절망하는 그녀에게 왕자는 이렇게도 속삭였다.

"부왕께서 공주와 왕가의 안전은 보장하겠다고 약속하셨소. 그러니 나를 믿고 부디 자명고를 찢어주시오."

다시 눈물이 주르륵 흐르고 비탄에 젖은 신음이 흘러나왔다.

"아아……! 왕자님, 어찌 저에게 이리 잔인하실 수 있단 말입니까?"

공주가 바닥에 엎드려 서럽게 울부짖기 시작했다. 그 소리가 어찌나 애달픈지 심장이 가닥가닥 끊어지는 것 같았다. 한동안 어깨를 들썩이며 오열하던 공주가 갑자기 벌떡 일어섰다. 눈물을 닦을 생각도 하지 않고 공주가 방문을 향해 휘적휘적 걸어갔다.

"왕자님을 만나야겠어. ……나는 도저히 할 수 없어!"

진한 꽃향기가 풍기는 정원을 가로질러 공주는 호동의 처소로 향했다. 오늘만은 희고 붉은 꽃잎들도 예쁜 줄을 몰랐다. 싱그러운 가을 아침이었지만 공주의 눈에는 세상이 온통 암흑천지로만 보였다. 지독한 고통이 마음을 무겁게 짓눌렀다.

드르륵!

공주가 방문을 열고 들어갔을 때, 호동은 탁자에 앉아 차를 마시고 있었다. 호동이 고개를 들어 공주의 얼굴을 보았다. 단 며칠 만에 공주는 얼굴이 몹시 상해 있었다. 감당하기 힘든 고통과 번뇌가 사나운 짐승의 발톱처럼 그녀의 얼굴에 깊은 흔적을 남겨놓았다. 호동은 당장이라도 공주를 안아주며 위로하고 싶었다. 자명고 따위는 깨끗이 잊으라고 말하고 싶었다. 하지만 그럴 수 없었다. 그를 짓누르는 잔인한 운명이 그것을 허락할 리 없었다.

공주는 서글픈 눈으로 호동의 얼굴을 뚫어져라 보았다.

"······하지 않겠어요!"

"공주······."

"아바마마와 나라를 배반하는 짓 따윈 절대로 할 수 없어요!"

"······."

"내가 자명고를 찢지 않으면 우리 사이는 어떻게 되나요?"

"······."

"괜찮으니까 솔직하게 말해주세요."

"나는······ 고구려로 돌아갈 거요. 그리고 우리는 다시는 만나지 못하겠지."

"하하……!"

공주가 기가 막힌 듯 실소했다.

"그렇군요. 결국 왕자님은 나를 이용하기 위해 의도적으로 접근했던 거군요."

"그건 절대 아니오!"

호동의 목소리가 높아졌다.

"공주를 연모하는 마음만은 진심이었소. 그것만은 믿어도 좋소."

"그런 사람이!"

공주도 목소리를 높였다.

"그런 사람이 어떻게 그런 잔인한 짓을 강요할 수가 있죠? 그게 사랑하는 사람에게 할 짓인가요?"

"나도 괴롭소. 나도 이럴 수밖에 없는 나의 처지가……."

공주가 호동의 손을 와락 움켜쥐었다.

"그럼 하지 마세요! 고구려고 부왕이고 다 잊고 이곳에서 저와 영원히 살면 되잖아요."

"으음……."

"제가 잘할게요. 자명고를 찢는 일만 빼고 왕자님이 원하는 것은 무엇이든 해드릴게요. 그러면 되잖아요, 예?"

공주가 절박하게 애원했다. 하지만 왕자의 손이 자신의 손아귀에서 스르륵 빠져나가는 것을 막지는 못했다.

"미안하오."

"왕자님!"

"공주의 말대로 내가 이곳에 남으면 부왕께선 내가 반역자라고 믿으실 거요. 그것만은…… 그것만은 도저히 견딜 수가 없소."

"아아……!"

어느새 차갑게 굳어버린 호동의 얼굴을 공주가 절망적으로 바라보았다. 공주도 엉망으로 일그러진 얼굴을 한 채 일어섰다.

"알겠어요. 그럼 떠나세요."

"……."

"소녀도 더 이상은 애원하지 않겠습니다."

공주가 핏기 한 점 없는 얼굴로 방을 빠져나갈 때까지 호동은 고통스런 얼굴로 입을 열지 않았다.

마당으로 내려서는 공주의 눈에서 애써 참고 있던 눈물이 주르륵 흘렀다. 공주가 눈물을 닦을 생각도 하지 않고 입술을 질끈 깨물었다.

"절대로…… 절대로 자명고를 찢는 짓 따윈 하지 않겠어……!"

이때 공주의 맞은편에서 리사가 헐레벌떡 달려왔다. 어찌나 서둘러 달려왔는지 리사의 몸은 온통 땀과 흙투성이였다.

"공주님!"

"리사!"

리사를 발견한 공주의 표정이 순간적으로 환해졌다. 공주가 리사의 목을 와락 끌어안으며 울음을 터뜨렸다.

"으아앙~ 왜 이제야 나타난 거야?"

"진정해요. 제발 진정해요."

공주의 등을 쓸어주며 리사가 호동의 처소 쪽을 쏘아보았다. 공주를 떨어뜨리며 리사가 다짐을 받았다.

"절대 자명고를 찢어서는 안 돼요, 공주님! 아셨죠?"

"응, 절대로 하지 않을 거야!"

단호하게 고개를 끄덕이던 공주의 표정이 이내 시무룩해졌다.

"하지만 북을 찢지 않으면 왕자님은 떠나실 수밖에 없대."

"어휴."

울먹이는 공주의 얼굴을 들여다보던 리사가 목소리를 낮췄다.

"이곳으로 달려오는 동안 대무신왕이 이끄는 고구려 군대가 진군하는 것을 보았어요."

"고구려의 대군이 우리 낙랑으로 쳐들어오고 있다고?"

"그래요. 이런 때에 공주님이 자명고를 찢으면 어떻게 되겠어요?"

"안 찢을 거야! 절대로!"

리사가 공주의 손을 힘주어 잡았다.

"왕자님은 제가 설득해볼 테니까, 공주님은 처소로 돌아가 계세요. 자명고 따위는 깨끗이 잊으시고요."

"으응!"

공주를 간신히 달래서 돌려보낸 후에 리사가 왕자의 방문을 거칠게 열어젖히고 들어갔다.

"호동!"

하지만 리사는 곧 입을 다물 수밖에 없었다. 망부석이 된 듯 서서 눈물만 뚝뚝 흘리고 있는 호동을 발견했기 때문이다. 말문을 잃고 호동을 바라보기만 하던 리사가 빠른 걸음으로 다가갔다.

"호동도 공주님을 불행하게 만들고 싶지 않잖아? 그러니까 자명고 따윈 깨끗이 잊어버려! 매일 모함만 해대는 귀족들이나 부왕도 깨끗이 잊어버리고 그냥 이 성에서 공주님과 행복하게 살란 말이야!"

"그럼 나는 반역자가 된다니까!"

쾅!

호동이 주먹으로 탁자를 내리쳤다.

"다른 건 몰라도 아바마마께서 나를 반역자로 생각하는 것만은 견딜 수가 없어……!"

절망과 분노가 뒤범벅이 된 호동의 눈을 들여다보며 리사는 잠시 할 말을 잃었다. 리사도 호동의 마음을 조금은 알 것도 같았다. 부왕이 자신을 어떻게 생각하든 호동은 아직도 그를 진심으로 존경하고 있는 것이다.

'아…… 이러지도 못하고 저러지도 못하고 대체 어쩌면 좋지? 호동도 공주님도 너무 가여워.'

눈시울이 붉어진 리사가 애써 감정을 억눌렀다.

"공주님은 자명고를 찢지 않을 거야."

"알아."

"공주님과 평생 이 성에서 살 생각이 아니라면 당장 이곳을 빠져나가는 게 좋을 거야."

"……?"

"고구려의 대군이 낙랑국을 향해 진격해오고 있어. 아마 오늘 밤이면 이곳에 도착할 거야."

"아바마마께서 출병을 하셨단 말이야……?"

질린 얼굴로 돌아보는 호동을 향해 리사가 고개를 끄덕였다.

"응!"

"이렇게 빨리 오실 줄이야……."

"그러니까 당장 성을 빠져나가야 해. 안 그러면 낙랑왕이 널 용서하지 않을 거야."

"그래…… 그 방법 밖에는 없겠구나……!"

호동이 진한 아쉬움이 배인 목소리로 중얼거렸다. 호동이 무엇을 망설이는지 리사도 알고 있었다. 호동은 사랑하는 공주와 이렇게 헤어지고 싶지는 않은 것이다. 하지만 운명은 두 사람에게 영원한 이별을 강요하고 있었다.

'이 가여운 사람들을 어떡하면 좋을까……?'

7
당신이 원한다면

그날 날이 저물 무렵, 호동은 떠날 준비를 마치고 처소를 나섰다. 호동이 늦어진 것은 순전히 함께 온 마로 장군 때문이었다. 마로가 떠나려는 호동을 만류하며 이렇게 협박했던 것이다.

"이대로 돌아가면 왕께서 왕자님을 용서하지 않으실 겁니다. 부디 낙랑공주의 마음을 움직여 자명고를 파괴하는 전공을 세우십시오."

"나는 조용히 떠날 것이오, 장군. 만약 부왕이 벌을 내리신다면 달게 받을 수밖에."

"왕자님!"

호동을 핍박하는 마로 장군에게 리사가 대들었다.

"호동을 그만 좀 괴롭혀요! 호동은 이미 충분히 고통을 받았다고요!"

"국내성에 있어야 할 네가 왜 여기에 나타나서 훼방이냐? 크게 혼이 나봐야 정신을 차릴 테냐?"

마로가 눈을 부라렸지만 리사는 물러서지 않았다.

"흥! 내 몸에 손가락 하나라도 댔다간 낙랑왕에게 가서 장군이 자명고를 노리고 있다고 일러바칠 줄 알아요!"

"이 쥐방울만 한 것이 정말!"

"어허, 조용히 하라!"

호동은 결국 마로 장군의 강요를 물리치고 짐을 챙겨 처소를 나서게 되었다.

가을 하늘에 고운 빛깔의 노을이 새의 깃털처럼 깔려 있었다. 마당에 서서 멍하니 하늘을 바라보던 호동이 떨어지지 않는 걸음을 억지로 옮겼다.

"이제 정말 가자."

"왕자님! 호동왕자님!"

이때 애랑이 종이 한 장을 흔들며 헐레벌떡 달려왔다. 호동이 앞을 가로막고 서서 숨을 헐떡이는 애랑을 보며 고개를 갸웃했다.

"애랑아, 무슨 일이냐?"

"공주님이…… 이 서찰을 남겨놓고 공주님께서……."

얼굴이 사색으로 변한 시녀아이가 호동에게 종이를 내밀었다. 호동이 서둘러 서찰을 펼쳐 읽었다. 편지를 읽어 내리는 호동의 두 팔이 부들부들 떨리는 것을 보며 리사가 불안한 듯 물었다.

"뭐라고 적혀 있는데 그래……?"

호동이 말없이 서찰을 리사에게 건넸다. 공주가 남긴 서찰을 읽는 리사의 눈이 커다랗게 변했다.

「소녀는 이미 왕자님과 헤어져서는 한시도 살 수 없는 바보가 되어버렸습니다.
왕자님의 소원대로 자명고를 찢겠습니다.
그리고 아버님께 모든 사실을 고백하고 벌을 달게 받겠습니다.
소녀가 아버님의 칼에 죽더라도 부디 눈물을 흘리지 말아주세요.」

깜짝 놀란 리사가 서찰을 와락 구기며 인상을 찌푸렸다.
"공주님은 자명고를 찢고 죽을 결심을 한 거야. 늦기 전에 공주님을 말려야……."
"이익!"
리사의 말이 끝나기도 전에 호동이 달려 나갔다.
"호동, 같이 가!"
리사도 호동을 쫓아 달음박질을 쳤다.

어둠에 무겁게 내려앉은 성곽 위를 낙랑공주가 휘적휘적 걸어가고 있었다. 성곽을 따라 경비를 서고 있던 병사들이 공주를 향해 차례로 머리를 조아렸다. 만약 다른 사람이 이 길로 접어들었다면 병사들은 그것이 누구든 앞을 가로막았을 것이다. 왜냐하면 이 성곽은 낙랑국 최고의 보물인 자명고가 걸린 성루로 연결되기 때문이다. 하지만 상대는 낙랑왕이 가장 총애하는 공주였기에 병사들은 의심을 품지 않고 길을 열어주었다. 장군 하나가 어둠 속으로 멀어지는 공주의 뒷모습을 바라보며 고개를 갸웃거렸을 뿐이다.

"호동왕자님과 혼인하여 세상에서 가장 행복해야 할 공주님께서 왜 저리 서글픈 표정을 지으신단 말인가……?"

잠시 후, 공주가 지나간 길을 따라 호동과 리사, 마로 장군이 달려왔다. 장군과 병사들이 이번엔 길을 막았다.

"호동왕자님 아니십니까?"

"방금 이곳으로 공주가 지나가지 않았소?"

"지나가긴 하셨습니다만……."

의아한 표정을 짓는 장군을 향해 호동이 급히 말했다.

"나를 좀 보내주시오. 공주를 꼭 만나야 하오."

"하지만 이곳은 자명고가 있는 성루로 이어진 길입니다. 낙랑국의 왕족이 아니면 누구도 통과할 수 없습니다."

"공주에게 볼 일이 있다고 하지 않았소!"

"아무리 그렇더라도……."

장군과 호동이 실랑이를 벌이는 사이, 리사가 번개처럼 튀어나갔다. 리사는 방심하고 있던 장군과 병사들을 지나쳐 쏜살같이 내달렸다.

"저 아이를 쫓아라!"

"거기 서지 못할까?"

당황한 장군과 병사들이 리사를 황급히 쫓아갔다. 그 사이에 호동과 마루 장군도 병사들을 따라 달려갔다.

우우웅!

성루 안에 걸린 신묘한 북은 자신의 운명을 예감한 듯 희미하게 울고 있었다. 어쩌면 낙랑국을 멸망시키기 위해 다가오고 있는 고구려 병사들의 움직임을 알아차렸기 때문인지도 몰랐다. 공주는 성루 입구에 서서 왠지 서글프게 들리는 북 울림에 잠시 귀를 기울였다.

"정말 미안해. 나도 이러고 싶지 않지만 방법이 없어. 너도 알겠지만 나란 아이는 이미 왕자님 없이는 단 한 순간도 버틸 수 없게 되어 버렸거든."

공주가 서글프게 중얼거리며 품에서 시퍼렇게 날선 단도를 뽑아들었다. 단도를 치켜든 채 공주가 자명고를 향해 천천히 다가갔다.

우우우우웅-!

공주가 다가갈수록 자명고의 울림도 점차 높아졌다. 공주가 피가 나도록 입술을 깨물며 단검을 번쩍 쳐들었다.

"부디 나를 용서해줘!"

"그만둬요, 공주님!"

외침에 단검을 내리치려던 공주가 멈칫했다. 획 돌아보는 공주의 눈에 숨을 헐떡이는 리사의 모습이 들어왔다.

"리사……!"

리사가 공주를 향해 한 걸음 다가서며 설득했다.

"어리석은 짓은 그만둬요. 그 북을 찢으면 공주님은 가족과 나라를 배신한 반역자가 되는 거라고요."

"으음……."

고통스럽게 신음을 흘리는 공주를 향해 리사가 손을 내밀었다.

"공주님도 그렇게 되고 싶진 않겠죠? 그러니까 어서 그 칼을 넘겨줘요."

"하지만 왕자님이 원하고 있잖아."

"네……?"

공주가 다시 단검을 쳐들었다.

"왕자님이 원하는 일이라면 나는 무엇이든 해줄 수밖에 없어. 그것이 비록 반역자가 되는 짓이라도."

"안 돼!"

푸우욱-!

리사가 팔을 내뻗으며 비명을 질렀지만 공주가 북에 단검을 꽂는 것을 막을 수는 없었다.

공주가 자명고 깊숙이 찔러 넣은 칼을 세로로 길게 그어버렸다. 순간 자명고에서 마지막 절규 같은 처절한 소리가 흘러나왔다.

끼우우우우웅-!

그 소리가 어찌나 크고 날카로운지 공주와 리사는 두 손으로 귀를 틀어막을 수밖에 없었다.

"공주님, 대체 무슨 짓을 벌이신 겁니까?"

낙랑국의 장군과 병사들이 성루 안으로 들이닥쳤다. 호동과 마루도 함께 들어왔다. 모두들 충격으로 말을 잃은 채 공주를 바라보았다. 공주가 호동을 향해 돌아서서 처연하게 미소 지었다. 짙은 절망감이 드리운 그녀의 눈은 마치 "이제 만족하시나요?" 하고 묻고 있는 것 같았다. 이때 단검을 쥔 공주의 손이 자신의 얼굴 쪽으로 향했다. 호동이 목을 그으려는 공주를 향해 몸을 날렸다.

"멈추시오!"

땡강!

호동은 아슬아슬하게 단검을 쳐낼 수 있었다. 단검을 놓친 공주가 맥이 빠져버린 듯 스르륵 허물어졌다. 쓰러지려는 공주를 호동이 번쩍 안아들었다.

"공주! 정신을 차리시오!"

"……."

하지만 공주는 이미 정신을 잃은 상태였다. 장군이 다가와 호동에게서 공주를 빼앗으려고 했다.

"공주님은 우리가 모시겠습니다."

"아니, 공주는 내가 데려가겠소."

"안 됩니다! 공주님을 당장 전하께 모셔가야 합니다!"

"잘못하면 자명고를 지키지 못한 책임을 지고 우리 모두 처형당합니다!"

낙랑국 장군과 병사들의 분위기가 험악했으므로 호동은 공주를 넘

겨줄 수밖에 없었다. 공주를 안고 성루를 빠져나가는 장군과 병사들을 호동도 급히 쫓아가려고 했다. 마로 장군이 호동의 팔을 붙잡았다.
"이곳에 계시면 위험합니다. 자명고도 찢어졌으니 저와 함께 탈출하십시오."
"이거 놓아라! 공주를 두고 아무 데도 가지 않을 것이다!"
호동이 장군의 손을 거칠게 뿌리치고 공주를 쫓아갔다. 리사도 당황하는 마로를 째려보고는 호동의 뒤를 따랐다.

대전 앞에 수많은 햇불이 활활 타올랐다. 햇불과 창을 치켜든 병사들이 대전 앞 광장을 에워쌌다. 그 한복판에 핏기 한 점 없는 얼굴의 공주가 무릎을 꿇은 채 앞을 보고 있었다. 공주의 앞에는 낙랑왕이 서늘한 얼굴로 버티고 서 있었다. 공주를 뚫어져라 쏘아보던 왕이 낮게 깔리는 소리로 딸을 불렀다.
"공주."
"……."
"내 딸아!"
"네, 아바마마……."
"지금부터 아비가 묻는 말에 똑바로 대답해야 한다. 알겠지?"
"네."
"네가 자명고를 찢었느냐?"
"……."

침착함을 유지하려고 애쓰던 왕이 더 이상 참지 못하고 버럭 고함쳤다.

"네가 자명고를 찢었느냐고 묻고 있질 않느냐?!"

공주가 자포자기한 듯 왕의 얼굴을 똑바로 쳐다보았다.

"네, 소녀가 그리했사옵니다."

"하아……!"

한 가닥 희망을 버리지 못하고 있던 낙랑왕의 입술을 비집고 한숨이 새어나왔다. 낙랑왕이 이를 악물며 다시 물었다.

"대체 왜 그랬느냐? 자명고가 어떤 보물인지 누구보다 잘 알고 있는 네가 어찌하여 그런 짓을……!"

"죄인이 무슨 할 말이 있겠사옵니까? 사사로운 정에 이끌리지 마시고 소녀를 죽여주십시오."

"끄으으……!"

머리를 조아리는 딸의 단정한 뒤통수를 내려다보며 낙랑왕이 분을 못 이긴 채 벌벌 떨었다. 낙랑왕이 옆에 선 장군의 옆구리에서 칼을 뽑아들었다.

"괘씸한 것! 죽이라고 하면 못 죽일 줄 알았더냐?"

격노한 왕이 공주를 노리고 검을 쳐들었다. 왕의 기세가 어찌나 무서운지 감히 누구도 말리지 못했다.

"전하, 공주를 용서해주십시오!"

허겁지겁 대전으로 달려 들어온 호동이 두 팔을 벌리며 공주의 앞을 막아섰다. 낙랑왕이 핏발선 눈으로 호동을 노려보았다.

"물러서라, 호동! 죄인을 두둔하면 너도 용서하지 않을 테다!"

"공주는 죄인이 아닙니다!"

"죄인이 아니라니? 공주는 조상 대대로 내려오는 낙랑국의 보물을 파괴했어!"

"공주가 그런 짓을 벌인 이유는……."

모든 것을 자백하려는 호동을 노려보며 공주가 소리쳤다.

"닥쳐요!"

"공주……."

"나를 진심으로 위한다면 아무 말도 하지 말아요. 제발……."

서로의 얼굴을 보며 눈물을 글썽이는 공주와 호동을 낙랑왕이 혼란스런 눈으로 둘러보았다.

"대체 무얼 숨기고 있는 것이냐!"

와아아아!

왕궁 바깥쪽에서 함성소리가 들려온 것은 그때였다. 낙랑왕과 병사들이 당황스런 눈으로 담장 밖을 쳐다보았다.

"한밤중에 이게 웬 소리냐? 누가 가서 좀 알아봐라."

이때 일단의 무리가 낙랑왕을 향해 헐레벌떡 달려왔다.

"전하, 큰일 났사옵니다!"

"전하, 어서 몸을 피하시옵소서!"

낙랑왕이 숨이 턱에 차 외치는 장군들을 황당한 듯 쳐다보았다.

"대체 왜들 이러는가?"

"대무신왕이 이끄는 고구려의 대군이 성문을 부수고 이곳을 향해 진격해오고 있습니다!"

"뭐가 어쩌고 어째……?!"

낙랑왕이 충격을 이기지 못하고 비틀거렸다. 한동안 부들부들 떨던 왕이 공주와 호동을 휙 째려보았다.

"그렇게 된 것이었구나……! 고구려가 우리 낙랑을 침공한다는 사실을 숨기기 위해 호동 네놈이 공주를 시켜 자명고를 찢어버린 것이었어."

차차창!

동시에 낙랑국의 장군들과 병사들이 일제히 검과 창을 들어 호동을 겨누었다. 호동이 낙랑왕 앞에 털썩 무릎을 꿇었다.

"용서하십시오, 전하! 전하께 이미 많은 은혜를 입었지만 부왕의 지엄한 명을 거역할 수가 없었습니다! 부왕께서 전하와 왕족들의 안전을 보장하겠다고 약속하셨으니, 부디 저와 함께 부왕을 만나러 가 주십시오!"

"닥쳐라, 이놈!"

"!"

낙랑왕이 검 끝으로 얼굴을 겨누자 호동이 움찔했다. 낙랑왕이 호동을 노려보며 이를 갈아붙였다.

"나는 너를 친자식처럼 대했다. 그런데 네놈은…… 네놈은 배은망

덕하게도……!"

낙랑왕이 호동의 목을 치려는 듯 검을 확 쳐드는 순간, 근처에서 지켜보던 리사가 비명을 질렀다.

"꺄아악!"

퍼어억!

둔탁한 타격음과 함께 허공으로 핏물이 튀었다. 리사는 호동이 칼을 맞은 줄 알고 크게 충격을 받았다. 하지만 호동은 멀쩡했다. 피를 흘리며 옆쪽으로 천천히 기울어지는 사람은 바로 공주였다.

풀썩!

"공주!"

비명도 지르지 못하고 꽃잎처럼 스러지는 공주를 향해 호동이 달려들었다. 그리고 가녀린 몸을 와락 끌어안았다.

"왕자님…… 왕자님……."

"아무 말도 하지 마시오! 제발 아무 말도 하지 마시오!"

호동이 공주의 가슴에서 흐르는 피를 막아보려고 했지만 핏물은 그의 손가락 사이로 속절없이 흘러내렸다. 공주가 오히려 안쓰럽다는 듯 눈물을 흘리는 호동의 뺨을 쓰다듬었다.

"우리 가여운 왕자님…… 소녀가 떠나도 서러워 마시고 부디 좋은 배필을 만나시어……."

투욱!

공주의 손이 힘없이 땅바닥으로 떨어졌다.

"공주? 눈을 떠보시오, 공주. 나를 놀리지 말고 어서 눈을 떠보란 말이오!"

도저히 현실을 받아들일 수 없는 듯 호동이 이미 숨을 거둔 공주의 몸을 계속 흔들었다. 낙랑왕이 피 묻은 검으로 호동을 겨누며 미친 사람처럼 웃어젖혔다.

"이놈아, 공주는 이미 죽었다! 나라를 배신한 죄인을 내 손으로 직접 처단했다!"

"대체 왜!"

호동이 그런 왕을 향해 절규했다.

"공주를 시켜 자명고를 찢은 사람은 나인데 대체 왜 나를 죽이지 않고 공주를 죽였느냔 말입니까! 대체 왜!"

"흐흐흐……!"

으스스하게 웃던 낙랑왕이 저주라도 퍼붓듯이 내뱉었다.

"그래야 네놈이 영원히 고통을 받을 것 아니냐?"

"아아……!"

호동의 입에서 깊은 절망감이 느껴지는 신음이 흘러나왔다.

"와아아아!"

"낙랑왕이 저기 있다!"

"왕을 생포하라!"

순간 대무신왕과 고구려 병사들이 광장 안으로 우르르 몰려들었다. 낙랑국의 장군들과 병사들이 낙랑왕의 앞을 급히 가로막았다.

쿵!

"반항하는 놈은 모조리 참할 것이다!"

대무신왕이 큰 창으로 바닥을 찧으며 일갈하자 겁에 질린 장군들과 병사들이 주춤 물러섰다. 그런 병사들을 헤치고 낙랑왕이 앞으로 걸어 나왔다.

"………!"

잠시 대무신왕과 고구려 병사들을 쏘아보던 낙랑왕이 손에 들고 있던 칼을 바닥에 던져버렸다.

땡강!

"낙랑왕 최리는 고구려의 대무신왕께 항복하겠나이다."

무릎을 꿇는 낙랑왕을 향해 대무신왕이 천천히 다가왔다. 그리고 호탕하게 웃으며 낙랑왕을 일으켜 세웠다.

"하하하! 순순히 항복해줘서 고맙소. 약속대로 낙랑왕과 왕족들의 안전은 보장해드리리다."

"감사합니다, 전하."

"으응?"

이때 공주의 시체를 안은 채 멍하니 주저앉아 있는 호동을 발견한 대무신왕이 미간을 찌푸렸다. 대무신왕이 호동을 향해 다가갔다.

"호동아, 일어나라."

"……."

"이번엔 너의 공이 참으로 컸다. 어서 일어나 아비가 내리는 상을 받으라."

"……."

"호동, 아비의 말이 들리지 않는 것이냐?"

대무신왕의 호동을 어깨를 잡으려고 팔을 뻗었다. 순간 호동이 날카롭게 외쳤다.

"내 몸에 손대지 마!"

"이, 이놈이 제정신이 아니구나?"

당황하는 대무신왕을 표독스럽게 노려보며 호동이 으르렁거렸다.

"나의 공주를 건드리면 누구든 용서하지 않겠어."

"으음……!"

한동안 호동의 불손한 눈빛을 마주보던 대무신왕이 빙글 돌아섰다.

"자, 승전고를 올려라! 사흘 밤낮 동안 고구려의 승전을 축하는 연회를 벌일 것이다!"

광장에서 사람들이 완전히 사라질 때까지 호동은 공주를 끌어안은 채 무슨 말인가를 계속 속삭였다. 리사만이 그런 호동의 곁을 지켜주었다.

"와아아아—!"

"대무신왕 만세!"

"호동왕자 천세!"

"호동왕자 천천세!"

낙랑국 정벌에 성공한 대무신왕은 국내성으로 화려하게 개선했다. 초겨울 아침, 거리로 쏟아져 나온 백성들은 만세를 부르며 위대한 왕을 환영했다. 하지만 대무신왕보다 백성들의 입에 더 자주 오르내린 것은 호동의 이름이었다. 호동은 원래 바른 품성과 잘생긴 외모 때문에 백성들 사이에서 인기가 높았다. 그런데 이번 낙랑국 원정에서 결정적 공을 세웠다는 사실이 알려지면서 그 인기가 더욱 높아진 것이다. 게다가 어떻게 알았는지 백성들 사이에 호동왕자와 낙랑공주의 서글픈 사연까지 파다하게 퍼진 상태였다. 백성들은 정인을 희생시키면서까지 나라를 선택한 호동에게 연민의 정까지 느끼고 있었다.

"저 환호가 호동에게는 오히려 고문처럼 들릴 텐데……."

리사가 바로 옆에서 말을 모는 호동의 옆얼굴을 걱정스럽게 돌아보았다. 얼마 전부터 호동의 얼굴에서는 표정이라고 부를 만한 것을 찾아볼 수가 없었다. 그는 마치 영혼이 빠져나가 몸만 남은 허깨비처럼 보였다.

"호동…… 마지막까지 너를 걱정하던 공주님을 위해서라도 부디 기운을 차리도록 해."

하지만 호동의 시련은 여기서 그치지 않았다. 국내성으로 개선하자마자 다시 정비와 간신배들의 모함이 시작되었기 때문이다. 백성들 사이에서 나날이 높아지는 호동의 인기가 그들을 자극한 것 같았다.

"전하, 호동이 반란을 일으키려 하고 있답니다. 호동을 불러 엄히

문초하십시오."

"호동왕자는 위험한 인물입니다. 반드시 조심하셔야 하옵니다."

"백성들 사이에서 호동왕자가 태자에 책봉될 것이라는 소문이 파다하옵니다."

대무신왕도 처음에는 호동을 두둔했다.

"호동은 이번 낙랑국 정벌에서 큰 공을 세웠다. 그런 호동이 과인을 배반할 리가 없으니 그 얘기는 이제 그만하라."

하지만 정비와 대신들이 포기하지 않고 계속 모함하자 대무신왕의 태도도 조금씩 변하기 시작했다. 왕은 특히 숨진 낙랑공주를 끌어안은 채 자신을 죽일 듯 노려보던 아들의 얼굴을 잊을 수가 없었다.

'으음…… 낙랑공주의 죽음 때문에 호동은 내게 원한을 품고 있을 거야. 호동이 백성들의 지지를 등에 업고 반란을 일으킨다면 어찌될 것인가?'

대무신왕은 결국 호동을 대전으로 불러들였다.

"호동에게 당장 대전으로 들라 하라!"

쌀쌀한 겨울 아침, 호동이 리사와 함께 대전 안으로 들어섰다. 언제나처럼 정비와 대신들이 왕의 양옆에 늘어서서 호동을 째려보고 있었다. 호동과 나란히 용상을 향해 걸어가며 리사가 고개를 절레절레 흔들었다.

'후우우……! 이 사람들은 도무지 호동을 그냥 내버려두질 않는구나.'

리사가 새삼 호동의 안색을 살폈다. 지난 며칠 동안 호동은 비쩍 마르고 초췌해져 있었다.

'물만 몇 모금씩 마실 뿐, 음식이라곤 입에 대지를 않으니…….'

리사가 마음속으로 걱정하는 사이 두 사람은 대무신왕이 근엄하게 앉아 있는 용상 밑에 나란히 서게 되었다. 무표정한 아들의 얼굴을 지그시 굽어보던 대무신왕이 착 가라앉은 소리로 입을 열었다.

"호동은 들어라."

"……."

"근래에 백성들 사이에서 네가 태자로 책봉된다는 소문이 퍼지고 있다. 너도 이 소문에 대해 들어본 적이 있느냐?"

"……."

"호동 이놈! 아비가 묻고 있질 않느냐!"

대무신왕이 호통을 치자 호동이 마지못해 답했다.

"소자는 금시초문이옵니다."

왕자의 건방진 태도가 거슬렸는지 대무신왕의 목소리에 날이 섰다.

"호오, 금시초문이란 말이지? 대신들은 네가 소문을 퍼뜨리고 다닌 장본인이라고 하는데도?"

그러자 호동이 스윽 고개를 들어 대무신왕의 얼굴을 보았다. 한동안 뚫어져라 부왕의 얼굴을 응시하던 호동이 떨리는 목소리로 대답했다.

"아바마마…… 소자는 아바마마를 위해 사랑하는 정인의 목숨까지 빼앗았습니다. 이런데도 믿지 못하신다면 소자가 대체 어찌해야 한단 말입니까? 소자의 목숨을 원하십니까? 그렇다면 망설이지 마시고 지금 이 자리에서 거두어 가십시오. 어차피 별로 살고 싶은 생각도 없는 몸입니다."

"뭐, 뭐라고? 이놈이 아비 앞에서 못하는 말이 없구나. 꼴도 보기 싫으니 다시는 아비 앞에 나타나지도 말아라!"

대무신왕이 용상을 박차고 일어서며 호통을 쳤다. 하지만 호동의 얼굴에서 예전처럼 그를 두려워하는 기색은 찾아볼 수가 없었다. 호동이 대무신왕을 향해 허리를 살짝 숙이며 씨익 웃었다.

"아바마마께서 원하신다면 영원히 사라져 드리지요. 그럼 정비마마와 대신들과 더불어 영원토록 평안하시길 빌겠습니다."

"저, 저놈이 그래도……!"

분을 삭이지 못하고 부들부들 떠는 대무신왕을 뒤로하고 호동이 빙글 돌아섰다.

"가자, 리사야."

휘적휘적 대전을 빠져 나가는 호동을 리사가 얼른 쫓아갔다.

우투두두두두-!

밖으로 나오니 눈이 내리고 있었다. 소담스럽게 내리는 첫눈을 뚫고 호동과 리사는 무작정 말을 달렸다. 한참을 달리던 호동이 국내성 밖 산 중턱에서 멈춰 섰다. 호동이 낙랑국에서 어렵게 데려온 낙랑공주의 무덤을 만든 장소였다.

말에서 내린 호동이 아담하게 꾸민 공주의 무덤 앞에 섰다. 펄펄 내리는 눈을 맞으며 호동은 한동안 말없이 묘비도 없는 무덤을 바라보았다.

"역시 묘비를 세울 걸 그랬나……?"

쓸쓸히 중얼거리는 호동을 돌아보며 리사가 위로했다.

"괜히 사람들의 눈에 띄는 게 싫다면서? 나도 차라리 묘비를 쓰지 않는 게 좋다고 생각해."

"그래…… 리사 너도 그렇게 생각한다면……."

리사가 호동의 눈치를 살피며 조심스럽게 물었다.

"나중에라도 아버지께 사과하는 게 낫지 않을까? 그래도 간신배들의 모함을 막으려면 부왕께 잘 보여야 하잖아."

"생각해보면 참 우습지 않아?"

"응? 뭐가?"

호동의 입가에 자조 섞인 미소가 스쳤다.

"나는 부왕께 잘 보이기 위해 나를 나 자신보다 더 사랑했던 공주까지 배신했어. 그런데 지금 내 꼴을 보라지. 나는 여전히 부왕의 믿음을 받지 못하는 천덕꾸러기 아들에 불과해."

"호동……."

호동이 한쪽 무릎을 꿇고 앉아 눈이 조금씩 쌓이는 무덤을 손바닥으로 쓸었다.

"공주, 첫눈이 내리고 있소. 함께 이 눈을 맞았다면 공주가 기뻐하는 모습을 볼 수 있었을 텐데 말이오. 공주는 분명 종달새처럼 뛰어다니며 즐거워했을 테지……."

"……."

리사가 눈물을 참으려고 입술을 꼭 깨물었다. 호동이 무덤에 이마를 대며 툭 내뱉었다.

"리사, 근처에서 싸리를 좀 주워다 주지 않겠어? 공주가 춥지 않도록 눈을 좀 쓸어주고 싶어."

"아, 알았어."

눈물을 들키지 않으려고 리사는 서둘러 돌아섰다. 몇 걸음 옮기던 리사가 이상한 예감에 문득 멈춰 섰다. 갑자기 등골이 서늘해지는 느낌과 콕 짚어 말할 수는 없지만 불길한 예감이 자꾸 리사의 뒤통수를 잡아당겼다.

"호동, 괜찮은 거지……?"

천천히 돌아서던 리사의 입에서 비명이 터져 나왔다.

"꺄아악! 호동, 안 돼!"

어느새 호동이 목에서 피를 흘리며 무덤에 쓰러져 있었다. 호동은 손에 공주가 자명고를 찢을 때 사용했던 그 단검을 쥐고 있었다. 공주의 흰 무덤으로 스며드는 붉은 피를 본 리사가 호동을 향해 달려가려고 했다.

"어어……!"

하지만 마음만 급할 뿐 리사는 헛걸음질만 반복했다. 마치 허공을 연이어 밟고 있는 느낌이었다.

후우우웅-!

순간 리사의 몸 윤곽을 따라 빛이 눈부시게 떠올랐다. 리사가 피를 흘리는 호동을 향해 손을 내뻗으며 안타깝게 외쳤다.

"안 돼! 지금은 안 된단 말이야!"

하지만 리사는 이미 알고 있었다. 자신의 몸이 오랜 과거의 고구려에서 서서히 사라져가고 있음을.

리사의 눈에 호동의 입언저리에 맺힌 희미한 미소가 들어왔다. 그 미소는 오히려 오랜 고통이 끝났음을 알려주고 있었다. 어딘가 다른 먼 곳에서 서로를 진심으로 사랑했던 호동과 공주가 재회하고 있는 것은 아닐지.

"안녕, 호동왕자와 낙랑공주…… 너희 둘이 어디선가 다시 만나 못 다한 사랑을 이루기를 기원할게……!"

나직이 중얼거리는 순간, 리사의 몸이 빛과 함께 홀연히 사라져버렸다.

8
오, 나의 여신님

리사는 어느새 자신의 방으로 돌아와 있었다. 다행히 반쯤 열린 문은 정지한 채였다. 리사가 과거와 현실의 그 짧은 틈새를 놓치지 않고 침대를 향해 붕 몸을 날렸다. 그리고 이불을 단숨에 목 밑까지 끌어올렸다. 그와 동시에 성 여사가 방문을 완전히 열고 안으로 들어왔다. 성 여사가 수상한 점이 없는지 방안을 둘러보며 침대로 다가왔다. 눈을 꼭 감고 있는 딸의 얼굴을 유심히 보던 성 여사의 입가에 흡족한 미소가 떠올랐다.

"오늘은 우리 딸이 일찍 잠든 모양이군."

이불을 조금 더 끌어올려준 후, 성 여사가 조용히 방을 빠져나갔다.

타악!

"후우우……!"

방문이 닫히자마자 리사가 벌떡 상체를 일으키며 안도의 한숨을 쉬었다. 침대를 빠져나온 리사가 방문을 향해 살금살금 걸음을 옮겼다.
"엄마가 다녀간 지금이 몰래 학교에 다녀올 수 있는 절호의 기회야."

"헉헉……!"
탁탁탁탁!
리사는 거친 숨을 몰아쉬며 학교 계단을 뛰어올라갔다. 평소 무섭게만 느껴지던 어둑한 복도도 더 이상 문제가 되지 않았다.
드르르륵!
"역시……!"
교실 문을 열어젖히고 들어온 리사가 천장을 올려다보며 고개를 끄덕였다. 그림이 마르면서 천장화의 얼룩이 더 심하게 번져 있었던 것이다. 잠시 숨을 고른 후에 리사가 팔부터 걷어붙였다.
"이선재 이 녀석! 내가 저 때문에 생고생하는 걸 알아주기나 할까 몰라?"
리사가 팔레트에 물감을 풀었다. 엄마가 화가인 덕분에 리사도 색감에 대해 어느 정도 자신이 있었다. 리사가 책상 위로 올라가 얼룩이 번진 그림에 색을 덧칠하기 시작했다.
"에휴~ 목 아파라. 이거 생각보다 시간이 걸리겠는걸."
리사의 걱정대로 작업 시간은 생각보다 훨씬 오래 걸렸다. 리사의 이마에 땀이 송글송글 맺혔고, 팔은 부들부들 떨리기 시작했다. 구석자리에 있는 요정의 날개를 칠하려고 까치발을 딛고 붓을 내뻗던 리사가 그만 발을 삐끗하고 말았다.

"어어……!"

우당탕!

균형을 잃고 휘청거리던 리사가 그만 책상 아래로 굴러떨어졌다.

"어이쿠…… 엉덩이야!"

엉덩이를 문지르고 간신히 일어나 앉는 리사의 눈에 절로 눈물이 맺혔다. 팔레트가 엎어지며 상의가 물감 범벅이 되었다. 리사가 박차고 일어서며 팔레트를 걷어차버렸다.

"이 따위 짓 이제 그만둘래! 왜 나와 상관도 없는 녀석 때문에 이 고생을 해야 하는 거냐고!"

손등으로 눈물을 훔치며 교실을 나가려던 리사가 순간 멈칫했다. 불현듯 자명고를 찢을 수밖에 없었던 낙랑공주의 얼굴이 떠올랐기 때문이다.

"왕자님이 원하는 일이라면 나는 무엇이든 해줄 수밖에 없어. 그 것이 비록 반역자가 되는 짓이라도."

리사가 어깨를 축 늘어뜨리며 한숨을 쉬었다. 자신이 왜 엄마 몰래 한밤중의 교실로 달려와 온몸에 물감을 칠하고 있는지 깨달았기 때문이다. 리사도 선재가 원하는 일을 해주고 싶었던 것이다. 그것이 사랑인지 우정인지 정확히 알 수는 없지만, 한 가지 분명한 것은 이 천장화가 완성되어 선재가 반애들의 칭찬을 받는 모습을 간절히 보고 싶다는 사실이었다.

"그래, 기왕 시작한 거 끝장을 보자!"

리사가 다시 팔레트를 들고 책상 위로 올라갔다. 리사가 집중하여 색을 칠하는 사이 창밖이 뿌옇게 밝아오고 있었다.

선재는 평소보다 일찍 학교에 도착했다. 아직 텅 빈 운동장을 빠르게 가로지른 선재가 뛰다시피 계단을 올라갔다. 조금이라도 빨리 도착해서 천장화를 수정하고 싶은 마음이 간절했다.

드르륵!

"어……!"

교실 문을 박차고 들어오던 선재가 멈칫했다. 선재의 눈앞에 자신의 손으로 그린 천장화가 펼쳐져 있었다. 그런데 분명 얼룩이 심하게 번져 있을 줄 알았던 그림이 깔끔하게 마무리되어 있었다.

"이럴 리가 없는데……?"

도저히 이해할 수 없다는 듯 고개를 갸웃거리던 선재의 눈에 교실 구석에서 벽에 등을 기댄 채 잠들어 있는 리사의 모습이 들어왔다.

"리사가 왜 여기에……?"

선재가 눈을 동그랗게 뜨며 리사를 향해 다가갔다. 물감 범벅이 된 리사의 옷과 형형색색으로 물든 양손이 모든 상황을 설명해주었다. 선재가 허리를 구부려 리사의 얼굴을 들여다보았다.

"리사가 지난 밤새 그림을 손봐주었구나."

이때 창문을 통해 한 줄기 빛살이 들어왔다. 빛살이 부딪친 리사의 얼굴이 천사처럼 빛났다.

쿵!

순간 선재는 자신의 마음 깊은 곳에서 무언가 크게 울리는 소리를 들었다. 리사의 붉은 입술이 선재의 시야를 가득 메웠다. 선재는 스

스로도 깨닫지 못하는 사이에 그 입술을 향해 자신의 입술을 접근시키기 시작했다. 음흉한 마음 따윈 없었다. 선재는 오직 너무도 아름다운 여신을 향해 좀 더 가까이 다가가고 싶은 욕심뿐이었다.
"이선재! 당장 멈추지 못해!"
찬영이의 성난 외침이 들려온 것은 바로 그때였다.

이루어지지 못한 비극적 운명의 연인

1. 삼국사기 속 호동왕자와 낙랑공주

고려시대 김부식이 쓴 〈삼국사기〉라는 책에 호동왕자와 낙랑공주 이야기가 등장하는데 그 내용은 다음과 같습니다.

호동은 유리왕의 셋째 아들인 대무신왕의 차비(둘째 왕비)에게서 난 소생이다. 왕은 그를 심히 사랑하여 호동(好童)이라 이름 지었다.

대무신왕 15년 4월에 왕자 호동이 옥저를 유람했는데, 낙랑의 왕 최리가 여기 나왔다가 호동을 보고 "그대의 얼굴을 보니 보통 사람이 아니로다. 그대야말로 북국 신왕의 아들이 아니겠는가?" 하며 호동을 데려가 사위로 삼았다.

그 후에 호동이 고구려에 돌아와 낙랑에 있는 아내 최씨녀에게 사람을 보내어 전하길 "그대의 나라 무기고에 들어가 북과 나팔을 몰래 찢어버린다면 내가 그대를 아내로 맞아들이려니와 그렇지 못하면 우리는 부부가 될 수 없으리라." 하였다.

낙랑에는 옛날부터 신기한 북과 나팔이 있어 적이 침입하면 스스로 울리는지라, 그로써 침략할 수가 없기 때문에 그랬던 것이다. 이에 최씨녀, 즉 낙랑공주는 몰래 무기고에 들어가 예리한 칼로 그 북과 나팔을 찢어버리고 호동에게 알렸다.

호동이 그 말을 듣고 왕에게 고하여 낙랑을 공격했다. 최리는 북과 나팔이 울리지 않으므로 안심하고 있다가 고구려군이 성 밑에 이르러서야 깜짝 놀라 무기고에 가보니 벌써 북과 나팔은 부서져 있었다. 그 사실을 알고 격분한 최리는 딸을 죽이고 항복하고 말았다.

2. 호동은 어떤 인물이었나?

고구려는 건국 이후 지속적으로 팽창정책을 추진했습니다. 고구려 남쪽에 위치한 낙랑 역시 고구려가 탐낼 만한 영토였는데, 삼국사기에는 고구려가 낙랑을 완전히 멸망시킨 것은 호동왕자의 활약이 있은 후 5년이 지난 후인 서기 37년으로 기록되어 있습니다. 호동이 완전히 낙랑을 멸망시키지 못했다고 하더라도, 그는 분명 고구려를 위해 큰 공을 세운 셈입니다. 하지만 공을 세우면 질투하는 자가 생겨나게 마련이지요.

호동은 본래 대무신왕의 차비의 자식입니다. 대무신왕에게는 정비(첫째 왕비)가 있었고, 그녀도 해우라는 아들을 낳았지요. 역사서에 등장하는 호동이 서기 32년에 이미 열다섯 살이었던 것에 비해 해우는 서기 44년 대무신왕의 동생인 민중왕이 즉위할 때에도 어리다는 말을 들었으니, 호동이 활발히 활동할 당시에는 세 살 미만의 아기에 불과했을 거라 추정됩니다. 따라서 정비는 호동의 모친인 차비보다 늦게 대무신왕에게 시집간 젊은 여인이었던 것입니다. 그럼에도 그녀가 첫째 부인이 된 것은 그녀의 외가 덕분이었습니다. 출신에 관한 기록은 남아있지 않지만, 초기 고구려를 구성한 5부족 가운데 하나였으리라 추측할 수 있지요. 강력한 토착세력을 기반으로 한 정비에 비해, 차비인 호동의 모친은 그렇지 않았습니다.

대무신왕의 차비는 갈사국의 공주였습니다. 서기 22년 고구려의 공격을 받아 부여의 대소왕이 죽어 부여국이 혼란해지자, 대소왕의 아우가 무리 백여 명을 이끌고 부여에서 도망쳤다가 갈사수변에서 해두국의 왕을 죽이고 그 백성을 취하여 세운 나라가 갈사국입니다. 갈사국은 불과 군사 백여 명으로 세울 수 있었던 매우 작은 나라였습니다. 소국 출신의 공주는 그 세력이 약해 대무신왕과 먼저 결혼했음에도 불구하고 첫째 부인이 되지 못한 것입니다.

호동 역시 외가 세력이 약한 탓에 큰 공을 세우지 않으면 자신이 왕이 되지 못함을 잘 알고 있었습니다. 고구려에서는 15세가 되면 성인이 되었습니다. 또한 그 무렵에 왕자를 태자로 책봉하기도 했지요. 호동이 자신과 결혼한 최리의 딸에게 낙랑을 배신하라고 시킨 것은, 낙랑 정벌이라는 큰 공을 세워 태자가 되려고 했기 때문이었습니다.

3. 낙랑공주를 배신한 호동은 행복했을까?

호동은 얼굴이 매우 잘생겨서 대무신왕의 사랑을 받았습니다. 게다가 낙랑 정벌이라는 큰 공까지 세웠으니, 장차 대무신왕의 뒤를 이을 태자가 될 가능성이 높았지요. 그러자 자신의 아들인 해우가 태자가 되지 못할 것을 우려한 정비가 대무신왕에게 호동을 모함했습니다. 호동이 강제로 자신을 범하려고 했다는 것입니다.

호동과 정비의 나이 차이도 그리 나지 않았기 때문에 가능한 일이었을 것입니다. 하지만 대무신왕이 살아 있고, 정비의 가문이 막강한 상황에서 호동이 이러한 마음을 품었다고 볼 수는 없습니다. 따라서 대무신왕도 호동을 모함하는 원비에게 이렇게 반박했지요.

"너는 호동이 다른 사람의 소생이라 하여 미워하느냐?"

정비는 자신의 말을 믿지 않는 대무신왕 앞에서 그냥 물러서지 않았습니다. 만약 이대로 상황이 지속되어 호동이 태자에 책봉되고 또 왕이 된다면 그녀와 그녀의 가문이 몰락할 수도 있기 때문입니다.

"청컨대 대왕께서 가만히 엿보소서. 만약 이런 일이 없으면, 내가 죄를 받겠습니다."

정비는 울면서 대무신왕에 매달렸습니다. 결국 대무신왕도 그에 넘어가 호동에게 죄를 주려고 했지요. 막강한 힘을 가진 정비의 외가 세력을 의식하지 않을 수 없었기 때문입니다. 만약 고구려의 5부족 가운데 하나가 이 일로 인해 이탈하거나 반란을 일으킨다면 왕의 지위마저 위태로워질 게 뻔한 일이었습니다.

대무신왕이 호동의 태자 책봉을 포기할 상황이라면, 자신을 지지해줄 강력한 배후 세력을 갖지 못한 호동으로선 태자가 될 가능성이 사라져버린 셈이었습니다. 호동은 누명을 썼고, 주위 사람의 만류에도 불구하고 스스로를 해명하지 않았습니다. 그는 "내가 만일 해명한다면 이는 어머니의 죄악을 드러내는 것이다. 또한 왕에게 근심을 더해주는 것이니 이를 어찌 효라고 할 수 있겠는가?"라며 곧 칼을 품고 엎드려 자결했습니다.

〈삼국사기〉의 기록과 달리 호동이 자결을 택한 보다 근본적인 원인은 정비의 악독함이나 그의 효심 때문이라기보다는 당시의 권력투쟁때문으로 봐야할 것입니다. 호동이 죽은 지 한 달 뒤에 해우는 태자가 되었고, 해우는 서기 48년 왕위에 올라 고구려 5대 모본왕이 되지만 불과 5년 만에 부여계 세력에 살해당합니다.

호동의 죽음이 토착세력이 부여계 세력을 압도한 탓에 벌어진 반면, 해우의 죽음은 토착세력에 대한 부여계 세력의 반발로 인해 빚어졌습니다. 두 세력의 정치적 갈등이 왕자들의 죽음을 불러온 것입니다.